I0202111

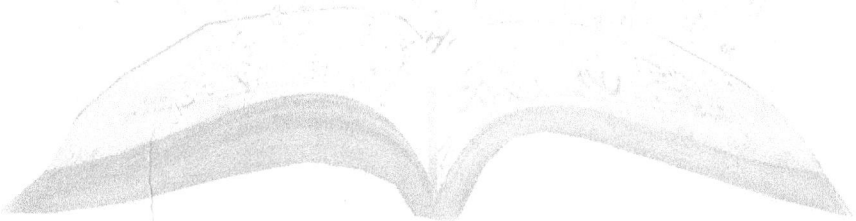

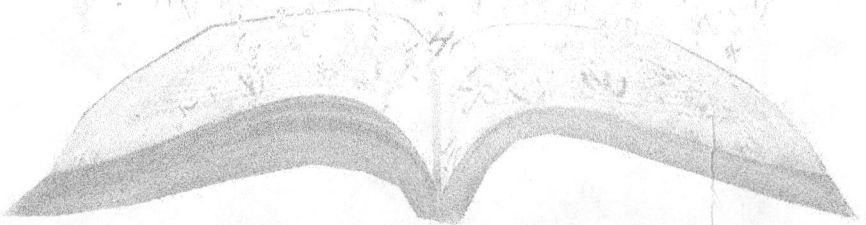

LA POESÍA, LA MENTE
Y
EL ALMA

Jesús Quintana Aguilarte

QM Editorial.

Copyright: © Jesús Quintana Aguilarte
Maquetación-Ortotipografía: Àngels Martínez Soler
angels.martinez@gmail.com

Primera Edición
Noviembre 2017

ISBN: 978-1-943680-28-3

QM Editorial.
EIN: 46-2472728
Elkhorn W – 53121
EE.UU

www.editorialqm.com
jqaamerica2012@gmail.com
qmeditorial@gmail.com

Dedicatoria

Dedico este poemario a mi familia, mis hijos Yoania y Yanier, a mis nietos Daniel y Dariel, a Cira Delia por darme una familia hermosa, a mí nuera Sunly Alfonso un pedestal de mujer y el amor de mi hijo, a mi compañera, hermana y socia Ángels Martínez, a su esposo, a los amigos de Mitologías y Leyendas que a través de más de 9 años me han soportado y me han leído.

A mis amigos y amigas del grupo de Facebook, en especial a María Inés mi compañera de batalla en el día a día que con su presencia anima y realza la labor que venimos realizando.

A los autores y escritores que han depositado su confianza en mí a través de la Editorial QM y nos han permitido entrar en sus vidas y sus obras, revisarlas, maquetarlas y publicarlas, una experiencia que me ha demostrado que los seres humanos podemos ayudar y ser ayudados. A todos ustedes que me leerán van mis palabras.

Jesús Quintana Aguilarte.

Prologo

Libro de poesías de Jesús Quintana.

El ser poeta tiene un significado muy especial, creo que se nace poeta, y que la poesía circunda la desnudez del alma, la cobija y la eleva en cada palabra que logra en el trazo de letras de un poema.

Indudablemente, el amor vive en la sangre misma del poeta. Corre, vuela, atraviesa sus llanuras y contempla sus sueños. Es su propia firma al momento de hablar, de expresar una idea, de endulzar alguna frase, de musitar un ruego.

Sin embargo, creo cierto aquello de "No existe amor en paz. Siempre viene acompañado de agonías, éxtasis, alegrías intensas y tristezas profundas". Paulo Coelho (1947). Escritor brasileño.

Así es el camino que se realiza en esta nueva obra del escritor y poeta Jesús Quintana, cubano residente en EE.UU., quien va dejando en cada poema, alguna pluma de las tantas que lo acompañan en este vuelo.

Voy leyendo lentamente cada verso, recorriendo sus sentimientos, sus placeres, sus angustias, sus destierros, sus anhelos y sus sueños. Todas las vivencias están agazapadas, a la espera de los ojos del corazón, del ser que de ellas se vaya apropiando, con el goce de sentir y vibrar en su propia sintonía.

Obra tras obra son partes sentidas profundamente, con esa pasión que lo caracteriza. Por ello he citado a Coelho, pues allí me encuentro con la realidad de esta bella entrega poética, plena de "agonías, éxtasis, alegrías intensas y tristezas profundas.

Sin duda, son obras merecedoras de toda lectura, donde el corazón palpitará de gozo y se estremecerá en sentimientos afines.

Es que la poesía es al poeta lo que la llama al candil. No existe uno sin el otro. Solo serían eternos y desolados viajeros que nunca verían su territorio común. Al igual que quien lo lee, va sintiendo las emociones según sus propias vivencias, pero en esa otra dimensión que toman cuando ya no nos pertenecen, cuando llegan a otras almas siendo solo nuestra esencia.

Justamente ése es el fin de la existencia del poeta, aquel juglar que cantaba de pueblo en pueblo, y este juglar que escribe con frenesí, sus palabras y sentires más auténticos y bellos, signados por su personalidad, por su historia, por sus simientes y recuerdos, por su presente y sus sueños.

He buceado en bellos poemas de amor, he recorrido buen arte de sus sentidos, de su ser, de su poética romántica, pasional, cálida, profunda, acariciante y respetuosa del ser y la esencia de la mujer. Encuentro valiosa esta entrega, que merece ser recibida con el mismo amor con el que fue concebida. Valiosas y contundentes estrofas que danzan al estímulo vital y claro de sus sentimientos.

Me permito cerrar con esta cita, que me parece un bello epílogo para una bella entrega:

Deepak Chopra.

    Tu verdadera esencia

"Debes aprender a ponerte en contacto con la más profunda y pura esencia de tu Ser. Esta esencia verdadera va más allá del ego, no conoce el miedo. Es libre, es inmune a la crítica. No le teme a ningún reto, no es inferior a nadie, ni superior a nadie. Está lleno de magia, misterio y encanto".

Que esta obra vea la luz con la misma luz que ha sido entregada.

María Marta Britos
Escritora argentina.

Ahora que regresamos.

Hace frío amiga, pero abro la ventana,
me azota el rostro un látigo de viento,
mi alma gemela tan bella, y tan lejana
y tu voz en mi interior, vida y aliento.

He visto en ti la eternidad, mirando
desde la sombra densa de tus ojos;
en otros sólo pude ver manojos
de horas, semanas, meses, expirando.

Quizá esa eternidad se disminuya
ahora que regresamos, ¿quién lo sabe?
pero hoy es tan infinita que ya no cabe
sino tu alma en la mía, que ahora es tuya.

Es invierno. La lluvia en los cristales
tamborilea su ancestral rutina, y nos
siembra nostalgia en surcos desiguales,
y de la misma forma el alma nos anima.

Tengo una selva en mi interior: gemidos,
colibríes, rumores y ágiles serpientes
viven, cantan, se arrastran, sumergidos
en mis íntimos recuerdos obedientes.

El futuro amiga está ya casi a la vista,
y ocurrirá, se quiera o no se quiera;
ni se prevé, se adquiere o se conquista,
es él quien de nosotros se apodera.

Por eso, llena de letras la copa del silencio,
la beberé hasta el fondo, me embriagaré de ti,
y al llegar a tal punto que ya no diferencio
abrazado a tus letras, te llenaré de mí.

A un hombre de color oscuro.

Intrépido poema de color de luna
que se escucha ajeno y solo
por lugares lejanos a su cuna.

Caracolas de viento y mar
que repiten sus aladas palabras
dichas un día amargo, al azar.

Campos sembrados de sudor y lágrimas
que sedientos beben su sangre
quieren elevarlo a las más altas cimas.

Volátil hombre de color oscuro,
que arrastra su piel de luna
por los cristales rotos de nuestro muro.

Con garras se aferra a la rama
erecta, del árbol más sano del bosque,
esperando el atroz final de su drama.

Intrépido hombre de color de luna
que camina impávido y altivo
por lugares lejanos a su cuna.

A mi Diosa de Ébano.

El tiempo nos destruye lentamente,
y en frialdad de hielo nos sepulta;
esa parte de ti que vibra y siente,
ha de quedar entre mi alma oculta.

Ven hacia mí antes de cruzar el puente
que hacia la oscuridad nos catapulta;
abrázame, duerme, solázate a mi lado,
y déjale tú mañana a mi cuidado.

Tuviste alegrías que el recuerdo evoca,
y que ya no parecen más tus alegrías;
dolores también tuviste, y te sofocan
cada uno de ellos como en otros días.

Pero por favor no detengas el paso
ante la puerta que el amor te cierra;
no llames, solo empújala. ¿Quién se aferra
a perder el amor llegado el ocaso.?

Qué poco tiempo para amarte tengo,
y te juro que yo mucho te amaría
si una vez, una sola vez que vengo,
no encontrara entre nosotros tanta lejanía.

A veces la vida es dura.

La vida a veces se impone y nos aleja,
de obtener todo lo que una vez soñamos
nos da otra opción, como una vía paralela,
y antes de que se cumplan, despertamos.

Si el trueno desatara al fin tu recuerdo,
hurtando impulsos a mis ansiedades,
te dijera, no salgas de casa hoy está lloviendo,
si sales el día será de lágrimas y soledades.

Y si te quedas en casa quizás por fin tú leas
los versos que por ti he dejado escritos,
si no huyen, humo azul, por chimeneas,
o arrastra el viento, pétalos marchitos.

Si abres mis libros, y al leer no rastreas
el alma que te amo, que aún te habla a gritos,
si ni ves la tuya, que trazó mi mano,
todo cuanto escribí, lo escribí en vano.

Porque sin tu saberlo caminas a mi ritmo
por calles sin pasión, que no alcanzaron,
a tener ningún sentido, ningún realismo,
 y que solo en un frio barranco te lanzaron.

A veces ser libre empobrece.

Calles y plazas me sugieren bancos,
mientras tú me miras por ti suplicando
en este otoño de mis años blancos
sabiendo que mi vida se está apagando.

Quiero ser la almohada donde tú reposas,
y que tú me estreches mientras yo me amplío
con la tenue luz de una Luna preciosa
mientras me desbordo como ardiente rio.

Y es que tu olvido es más poderoso,
que todos los gritos de historias extremas,
es más eficaz porque es silencioso.

No me dejes libre porque me entristece,
que le pongas fin a nuestra bella alianza
mira que la libertad a veces empobrece.

Abran bien sus corazones.

Con mi mano extendida, que casi no estrecha nada,
saltándome los caminos del amor y del dolor
llevo cuajado en mi pecho las dudas y el desamor,
heridas que tú has dejado en mi alma desgajada.

La vida es una quimera que me ofrece dos opciones
un amor tierno y profundo que día a día se agiganta
pero también altibajos, dudas, tristeza y dolores
y un duro retroceso cada vez que se adelanta.

Arda este mundo en pasiones, para ateos y creyentes
de esta erótica emboscada que a todos nos hace parte
del fuego que nos enciende nuestras vidas y nuestro arte
y nos hace crear poemas con letras tan contundentes.

Y tal vez los poetas, los amantes y los pintores
los que lleven en el alma las razones convincentes
puedan en viva llama abrir bien sus corazones.

Abrazo entre dos.

Elevo hacia ti mi voz cordial que te nombra,
mi rosa matinal que hermosa a mi te presentas
no como la Diosa que eres, más bien mi sombra,
que funde su rocío entre las ramas corpulentas.

Como la fronda de verde, rosa y oro que se mece
al soplo de la brisa que humedece nuestras raíces
y cuyo abrazo de letras, poemas y cantos nos fortalece
sin olvidar la savia en que navegan nuestros matices.

La primavera de tu sonrisa es una canción abierta,
como la melodía de tus letras es la orgía de vivir,
la nostalgia en otoño cuando el invierno despierta,
y abriendo sus puertas nos invita al letargo, o a morir.

Yo qué escribo de sueños, de amores y de poesías,
si cantan los ruiseñores y florecen todas las rosas,
quiero bailar contigo y rodearte de besos y alegrías,
que son muy largas las noches, plomizas y lluviosas.

Yo alargare mis brazos y al rodearte la cintura
comenzaremos un vuelo de pasión y entrega
tu serás para mi alma toda la paz la dulzura
los signos del universo, el amor, el Alfa y el Omega.

Amor, ya no siento frío.

Te he buscado en las zonas donde el placer dormita,
en búsqueda de tu suave, tibia y dulce complacencia
y arropado a tu lado he sentido como la carne se agita
como una flama rebelde, un volcán en plena turbulencia.

Flota entre nuestros cuerpos el aroma de los recuerdos,
de aquel lugar tan nuestro, de aquel nuestro primer día,
de nuestros besos y caricias convertidos en dulce melodía
y como aun estando despierto entre tus brazos me pierdo.

Una mitad de ti se alejó entre aguas, estuvo perdida,
cautiva de otros sueños, de otras letras, en otros ojos,
pero al fin estas aquí, has regresado a curar mi herida.

Ya no siento dolor porque tu corazón vuelve a ser mío,
las rosas y claveles del jardín han fortalecido el lazo
y después de tanto llanto llegó la primavera y no siento frío.

Amo tus palabras tibias.

Al analizar mis palabras, cada verso que escribo,
es un camino que abro, un gemido que elevo,
luz que alzo en la sombra, baluarte que derribo,
rosales que cultivo, y un árbol que remuevo.

Pero cuando navegas en mí con tu bella lectura,
soy el sueño que un día se estableció en tu mente,
soy tu amor, y tu entrega, tu pasión, tu aventura,
la luz de tu pasado, y el amor de tu presente.

Amo tus palabras tibias, amo todo lo que tú amas,
tus veranos, tus otoños grises y tan desapacibles
tus palabras de amor, y mil doradas filigranas,
íntimas como tu alma, como tu piel tan tangible.

Puedo amar el contorno de tus sólidos relieves,
para moverme al ritmo sensual con que te mueves.

Amor, tú sabes que lo sé.

Al leer tus palabras, cada verso que escribes,
me va abriendo el pecho, un gemido que elevo,
como puedes pensar que tu clamor ya no siento
si por él planto rosas, y hasta el cielo remuevo.

Soy el verso que un día se estableció en tu mente,
que el fuego de tus besos quemó hasta sus raíces
soy tu amor, y tu entrega, tu pasión, tu convite,
una razón de vida, tizón de invierno, sed de tu presente.

Y crees que yo no quiero estar entre los tuyos,
comprimiendo la sombra que sin tocar nos toca,
como puedes pensar que yo amaría otra boca
y perderme tu aliento, tu fuego y tus murmullos.

Desnudaré mi alma ante tus ojos trigueños,
que al mirarme me calan aun sin estar presentes
bailaremos un vals, entre música y sueños,
y haremos el amor como dos adolescentes.

Si quieres el recuerdo de un gozo silencioso,
recuerda mis contornos de sólidos relieves,
no hay otras mujeres, no existen otros cuerpos,
que se muevan al ritmo sensual con que te mueves.

Tu nombre borra nombres, estremece mis muros,
y me abrazo a tus tañidos, tan lúbricos, tan puros.

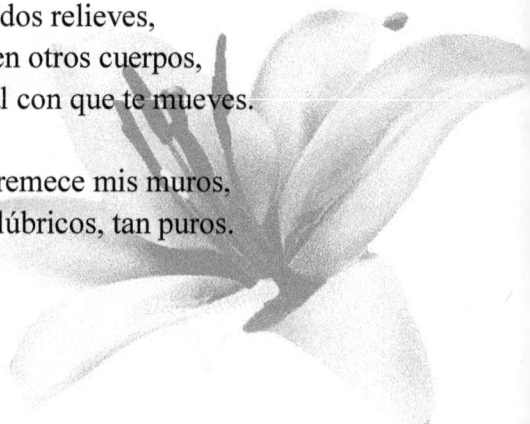

Amores y temblores.

Con nuestro amor sonámbulo o dormido,
vamos al encuentro de caricias mudas,
subyugado mi sentir por tus sentidos,
y en torno al lecho del placer te anudas.

Y al besarte veras que bien se agitan
mis diminutos dedos sobre tu vientre;
mil susurros eróticos que te invitan
a que en tu oscura intimidad me adentre.

Mil temblores de tus muslos que me gritan,
exigiendo que me alce y me descentre
y tú me besas como loca repitiendo el grito,
y yo mi cuerpo ya en tu cuerpo profundizo.

Como profundiza en la cuenca de tu oído
mi voz sedosa al par que te desnudas,
y se desatan los claros y dulces manantiales,
que van floreciendo en tu piel rosas carnales.

Se me vuelcan tus dedos, y me acosan,
no sé si me acarician o si me desgarran,
tus dedos de alondra que en mi piel se posan,
mil dedos de enredadera que me amarran.

Aquí están mis palabras.

Aquí están amor, ellas nunca se han ido,
y sabes que la Luna, tiene una cara oculta,
pero añora el brillo tuyo en la distancia
y desde otros mundos hacia ti se catapultan.

A veces las almas nos piden un tiempo,
y aunque mucha duela has de concederlo
no me llames nunca, ya no lo consiento,
fueron sus palabras, como comprenderlo.

Yo también evoco aquellas tiernas noches,
cuando con palabras ella sanaba mi alma
yo nunca tuve para ella una duda, ni un reproche,
la tormenta estaba fuera, dentro era todo calma.

Hoy aquellas cartas de amor que le dibujaba,
no puedo enviarlas, ya no sé ni cómo, ni donde,
ojalá pudiera amor, en el alma llevarlas tatuadas,
para hacerlas llegar allí, donde hoy ella se esconde.

Entre todos los seres que amo y que añoro,
esta ella, que la tuve y que más tarde perdí,
por eso cuando escribo también me rio y lloro
y ella ríe y llora conmigo, aunque lejos de mí.

Las palabras sin ella, solo son ánforas vacías,
suelo poner en ellas las palabras que otros quieren
y escucharan parodias, sonetos y elegías,
placidez y arrebatos, según los que bebieren.

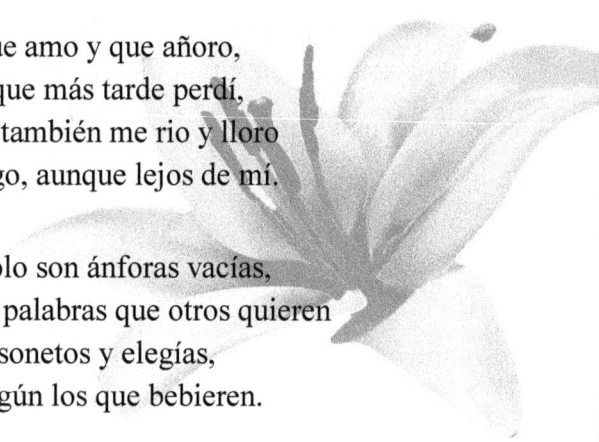

Yo la amo, que no lo dude, como ángel en lejanía,
y ella está deseando lo mismo que hoy prefiero,
que sus letras se anclen muy dentro del alma mía
si sabe que estoy confinado, en su alma prisionero.

Como puedo demostrarle que aún le amo y extraño,
Si se mantiene distante y sabe que eso me hace daño.

Aún dormido pienso en ti.

Me preguntas amor mío si te amo
y a distancia te respondo, que tú crees?
es que el viento que te roza, no te dice
que te amo y te venero desde la primera vez.

La distancia para muchos, es terrible yo lo sé
unos pierden el embullo y hasta dejan de creer,
para mí todo es distinto, tú eres poesía mujer,
y en tus brazos algún día, depositaré mi fe.

Yo te sueño entre mis brazos, cada bello amanecer
y te arropo con mi cuerpo, aunque no te pueda ver
eres luz de mis tinieblas, eres música también
y si al teléfono te escucho tiembla todo mi ser.

Como puedes preguntarme si yo te amo mujer
si aún dormido pienso en ti, y no lo puedo evitar
por eso hoy en la noche, cuando te vuelva a llamar
me sentirás como nunca, aunque no me puedas ver.

Aún en mi mente te acompaño.

Al leerte, aún me duele en la distancia,
esta prisión a la que estamos condenados;
donde nuestros deseos gimen mutilados,
y muere nuestra canción sin resonancia.

Tal vez el pensamiento se me puebla
de incertidumbre, sombra vagabunda,
si la luz, como el aire, te circunda,
¿por qué me encuentro a veces en la niebla?

Pensé que amé; y amé tal vez, aun cuando,
mi amor no fue una calle de ida y vuelta;
hoy alguien va a mi lado caminando,
sonrisa al aire y orgullosa la cabellera suelta.

Es el amor que viene y va, tomando y dando,
con una actitud tan sutil como resuelta,
el amor es calle de ambas direcciones,
dos amantes, dos corazones, idénticas acciones.

No sé hacia dónde voy, pero aún te extraño,
este camino me sonríe, y en mi mente te acompaño.

Aún llevo tus recuerdos.

Llevo la pureza en mí de tu sonrisa,
de tu mirada intensa, y los rumores,
de las voces que, perdidas en la brisa,
dejan el chasquido del beso, y sus sabores.

Y en mí llevo el dolor que me recuerda
el brillo frio de tus lágrimas, tu adiós;
presente está, no quiero que se pierda:
fue lo más bello que hubo entre los dos.

Enviaré mis versos a tu encuentro,
y te hallarán desnuda de razones,
sin saber si tus propias emociones
permitirán que yo me instale dentro,
haciendo tuyas mis aspiraciones.

Tiembla la roja llama de la vela,
y hay un verde temblor en cada rama;
tiemblan las blancas crestas de la estela,
y el rocío que al lirio se encarama;

Tiembla el ala del ave que no vuela,
tiembla la voz que suavemente llama;
y tiemblas tú en mis brazos, con temblores
que tiñen tus mejillas de colores.

La mente en blanco, el corazón vacío,
muda la lengua, la mirada incierta,
sólo esto queda de lo que era mío;
¿qué más puedo ofrecerte sino el frío
que me has dejado en esta vida muerta?

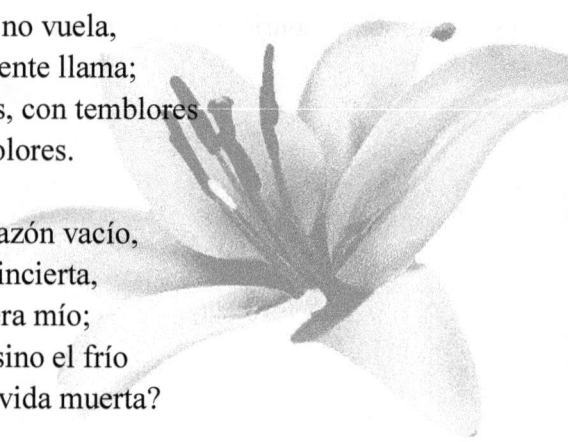

Aún tengo mucho en lo que escribo.

Hay mucho, mucho más en todo lo que escribo,
detrás de cada palabra, mi alma está presente,
no tan sólo a medias, yo soy el real testigo
del calor, de la luz, que cada poema enciende.

Hasta qué punto mi emoción trasciende,
cuando te entrego el amor que vislumbra
la voz que oyes o lees entre las penumbras
de esa luz interior que tu mente deslumbra.

De los poemas que en mi vida he escrito,
sería feliz si uno solo fuera, gentil como la rosa,
pero aunque dentro de mi mente los concibo
aún no me alcanza esa magia luminosa.

Pero si yo pudiera estar donde estas sentada,
donde tu pretendiendo leer, ausente sueñas,
si yo pudiera estar a tu lado en cada jornada,
lograríamos cada menester que desempeñas.

Si yo pudiera acomodarme en tu almohada,
y hacer tus noches apacibles y risueñas,
con suavidad de seda o asalto de pantera
Ay, si yo pudiera amor, ay si yo pudiera.

Bebamos amor mío una taza de café.

Las palabras de antaño, la caricia ferviente,
sensaciones han sido que no sabrán volver;
no eres tú la culpable, ni yo quien lo consiente,
solo sé que no estas entre mis brazos mujer.

Fuiste creada para amar, bella, única y cierta;
un torrente de luz que refuerzas mi fe,
que para mí nació, y que solo en mí se injerta,
como renace en las colinas la bella flor del café.

Toda sutil, rodeada de un aura de mansedumbre,
sin la sombra tenaz del cansancio y la ira,
arrojando al fuego pedazos de incertidumbre,
llenando mi alma con las notas de tu lira.

No sé qué es lo que hice, que tu atención capté,
te volteaste sonriente con cara de atrevimiento,
y una oleada de calor vino con tu ofrecimiento
mientras compartimos juntos una taza de café.

Beso para una mujer preciosa.

Guardo un beso escondido, mujer preciosa,
que aún no ha iniciado el vuelo, que tiembla y espera
que al fin le salgan alas; mientras tanto, reposa,
en la quieta blancura de una boca sincera.

Llevo un beso escondido que te sueña y presiente
como voz que convida, se ofrece y casi toca;
beso de ritmo lento y espiral ascendente
del templo de tus muslos al milagro de tu boca

Quiero dejar este mundo de aislamiento,
estremecer mi cuerpo en movimiento
buscando regiones por mi desconocida.

Se iluminan los sueños en ti, hierven deseos,
de ese fuego quedan solo los titubeos,
y presiento que volarás en torno de otras vidas.

Buscando espíritus puros.

Buscando espíritus puros, cristalinos,
brotando en fluidez, sin verborrea,
de dolores o júbilos genuinos.
sólo en la niñez, mi inspiración verdea.

Me abrazo a su candor y la luz me hiere,
lame sus pies el agua, como mariposa,
que a su modo te dice que te quiere,
la niña es sueño y a la vez es rosa.

Sigo tomando notas, y detectando
a las aves diminutas y también los versos,
que en torno a mí aletean, y cantando
como princesa crece en entramados tersos.

Se me dispara el alma cada día,
por sendas de nostálgicas quimeras;
se abre al fin de mi incierta travesía
un horizonte azul, mi niña me espera.

Buscando respuestas.

Las ilusiones lejanas ya no buscan las repuestas
convincentes; y seguras, que les responde el viento
en sus tonos ligeros, con sus amores de fiestas,
o la frialdad de las frases hechas de reglamento.

Son respuestas que en la vida apartar de ti quisiera,
ocultas a las intrigas que solo animan las dudas;
las respuestas verdaderas solo nacen de quimeras,
de los amores, de sueños y de cuerpos que se anudan.
Yo al abrirte mis brazos me olvide de otras mujeres,
y mi pensamiento siempre, vuela seguro a tu nido,
olvidando las distancias, las metas y los placeres
que muchos se declaran para después caer vencidos.

Yo siempre seré tu roca que yace firme en la tierra,
como un trozo de vida que sin ti seguir no quiere
a veces quiero levantarme, pero tu amor se me aferra
y puedo jurarte amor, que mi alma así te prefiere.

Buscaré otros paisajes.

Nada nos queda ya de lo que un día fuimos,
amantes en sí mismos nativos o extranjeros,
que hoy sólo fueron tristes sueños pasajeros
perdiendo todo lo que en su día construimos.

Yo voy descansando sobre el hombro ajeno,
sufriendo una soledad muy triste y dolorida,
como incesante manantial que fluye sereno
de la misma fuente que nos otorgó la vida.

Y al final en mí vas, en ti estoy, íntimo lazo
un refugio en ruinas, de dos vidas destruidas,
somos invulnerables al contacto de otro abrazo,
y viendo al fin la galera del amor hundida.

De ti escuché amor el más hermoso de los cantos,
pero hoy solo oigo del negro cuervo los graznidos;
y he visto extenderse el triste y silencioso llanto
dejando a un lado el alborozo en flor de los sentidos.

Ya no queda vida en los surcos de ilusión que planto,
sólo cosecho en primavera los frutos corrompidos,
por eso hoy sacudiré de mi espalda este bagaje,
y alejándome de ti pisarán mis pies otros paisajes.

Camina hacia la verdad.

Si quieres no caer otra vez adormecido,
lamentando de sufrir ese rotundo fracaso
asume que la vida, se vive paso a paso,
y estarás orgulloso de todo lo que has vivido.

Habla de lo que sepas, del amor y su contraste,
y cuando narres tus vivencias no te extiendas
sobre aquello que sabes, o tal vez imaginaste,
muchos fallan al contar esas supuestas vivencias.

Habla bien de tus amigos hechos a tu semejanza,
de los niños, la mujer, todo lo que te circunda
y no busques tu prestigio al pronunciar alabanzas
a ti te guía el amor, una razón más profunda.

Cada libro que lees es altar que te define,
tu biblioteca será parte de tu evidencia
que al penetrar tu mente aumentará tu conciencia
y con gran sabiduría a la verdad te encamine.

Nuestro amor es nuestra piel, una sólida armadura,
que nos protege del odio, y todo lo que se murmura.

Causas y Efectos.

Si al leer mis poemas tu alma advierte,
cierta melancolía surgiendo de lo escrito
no es que mi corazón a dejado de quererte
es que ya no quiero seguir escuchando gritos.

Amo la vida tranquila, dulce con su acervo,
casa y refugio de las almas fatigadas
en verdad ya no creo en lo que observo
prefiero refugiarme de esta loca mascarada.

Quiero poblar de rosas los caminos,
de fuertes abedules y pinos descarnados
con un rio poderoso bajando en torbellino
de esperanzas, poemas y sueños azulados.

Y no sé si me extingo o me sublevo,
he sabido reconocer todos mis defectos
quizás ustedes necesiten algo nuevo
todo tiene un porqué, Causas y Efectos.

Ya llega la primavera con su luz radiante,
he pensado alejarme de quejas y rumores
solo quiero saber de humildes trovadores
levantar bien mi frente y seguir adelante.

Como se ama a una mujer.

Contra la corriente hallaras tinieblas
rocas como naves que la vida ancló
asedio furtivo cerca de la orilla
y no importa nada si corres o vuelas.

Puede la bravura del río de la vida
arrancar tus ropas, dejarte desnudo
destrozarte el cuerpo y dejarte mudo
profundo en las fosas de las despedidas.

Pero lo que nunca pueden la saña y el odio
es manchar tu frente y quebrar tu orgullo
la palabra de hombre que dicha en murmullo
rompe las barreras de todo infortunio.

Si juraste amarla solamente a ella
puede que te aparte la guerra o la muerte
que mueras río arriba como hace el salmón
que por llegar a casa presenta querella.

La mujer que ama, todo lo consiente
el hambre, la ausencia, la guerra y la muerte
pero nunca olvides quererla muy fuerte
y sobre todo en la vida, tenerla presente.

Como un simple tatuaje.

Te deje mis anhelos, en lo dulce de un beso
para que conservaras, esos grandes recuerdos
escribí juramentos, en tu piel con mis dedos
como un simple tatuaje, ¡Dí que sientes al verlos!

Aún recuerdo mi leña, avivando tu fuego
cual volcán se apagaba, y prendía de nuevo
y de pronto las llamas, se volvían palabras
un ¡Te amo! gritaba, muy adentro de tu alma

Y de amor era el eco, que en mi pecho brotaba
cual gigante que abraza, cual diluvio que pasa
si miraras en mi alma… la dulzura de un beso…
que todavía acompaña… la tristeza de un viejo.

Como cambió mi mundo.

Entra a mi mundo, se bienvenida en mi sueño,
que estoy luchando entre distancia y lejanía
y mi puerta golpea con fuerza, con empeño,
aunque mi vida sin ti, sea solo fantasía.

No sé si es el deseo del toque de tus manos,
o el de gritarte amor con la piel de las mías,
pero se desangra mi alma en desvelos cotidianos
y las hermosas tardes se me antojan sombrías.

Que deseos se desatan en el ambiente tenso,
con la frente ardiendo por la espera anticipada,
se abrazarán las almas arropadas en silencio
y cansados nuestros cuerpos caerán a la alborada.

Qué triste es el recelo y que terrible es el miedo,
como extienden insidias, creando interrogantes,
y destruyen los muros del alma con enredos
en siniestras montañas de ruinas humeantes.

Cada gesto egoísta en el pecho me alcanza,
multiplicando en sombras tan amenazadoras
que yo que fui guerrero que empuñaba la lanza
hoy soy un débil juguete en manos vengadoras.

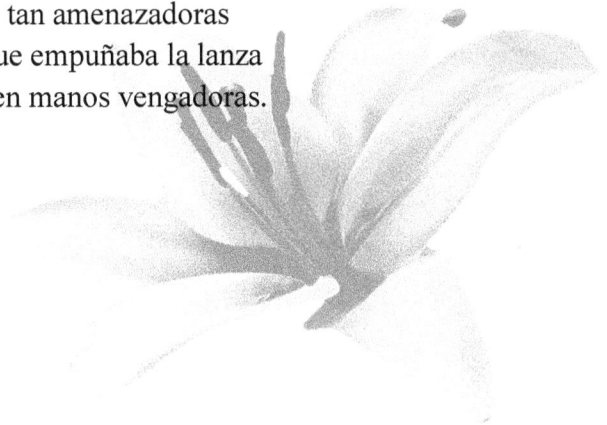

Conquistando tu frontera.

Logré conquistas dentro de tu alma
ya que solo por amor te he conquistado
rindiendo tu recinto con absoluta calma
ese recinto estrecho y muy bien fortificado.

Rindiendo zona a zona toda tu dulce frontera
para de esa manera llegar amor a poseerte
sé que de mí no has querido defenderte
y te muestras indefensa y a la espera.

Yo soy el cazador que en la espesura
va corriendo decidido hasta tu encuentro
seré el amante fiel, tu una hermosa criatura,
la que soñaste en aceptarme adentro.

Desnúdate mujer, pero muy lentamente
que mis deseos intenten atacarte
y que al verte descubrir tan lentamente
tenga que frenar los deseos de gozarte.

Tu frontera se abrirá sin resistencia
y yo inundare tu vientre con mi esencia
explotando en mil colores tu fantasía
mientras me haces tuyo y yo te hago mía.

Conquistarte.

Me gustaría recorrer tu cuerpo,
relamer de gusto tus esquinas
y abrazarte en la cama con acierto
al tiempo que tu rostro esboza una sonrisa.

Tus aromas influenciando mis sentidos
palpitando entre mis manos tus intrigas
asaltando tus pezones bien erguidos
y avanzar hasta tu pozo sin fatiga.

Ese pozo de aguas dulces y calientes
que reboza de placer insospechado
es del mundo del amor la gran vertiente
es la fuente donde bebo enamorado.

Son tus muslos como torres pretorianas
de la Roma de mi mente enardecida
que bloquean y liberan cuando quieres
que se abren a la luz como ventanas.

Ante ellos me arrodillo y te suplico
que me des el libre acceso a tu guarida
blandir en tu interior mi espada erguida.

Que se unan nuestras aguas violentadas
que alcancemos el orgasmo entre gritos
y así muy quietos, felices y abrazados
continuemos conquistando el infinito.

¿Convencerte?

Hoy que mi mano duerme, y que no se beneficia,
del recuerdo que produjo en mí tu tierno abrazo
como puedes pedirme que no siga tus pasos
si con la luz de tus ojos tú siempre me acaricias.

Que te convenza y así evitemos el dulce contacto,
con el que me siento vivo y a la vez tan fuerte
lo único que me mantiene feliz, cuerdo e intacto,
venciendo el terror y el horrible miedo a perderte.

No puedo convencerte, lejos de ti se afilan las aristas,
se sumerge mi imaginación y pierdo la conciencia,
me vuelvo hostil, muy triste y realmente pesimista,
me aplasta el desamor, me destruye tu ausencia.

Pero puedo convencerte que vives en mis recuerdos,
que cuando escribo un poema toda te lleno de besos,
que me refugio en tu pecho con el corazón sangrante
pensando que cualquier noche te conviertas en mi amante.

Por qué no pruebas a convencerte, quizás te guste lo que siento.

Corazón ya estoy aquí.

Me buscas tú, en silencio, sin quejidos,
con tu mirada perdida en este nuevo día
desde la celda de tu alma como abrigo
para calmar para siempre mi agonía.

No me has perdido, solo es perspectiva,
de tanto que he añorado tu regreso
de playas con sus olas agresivas
que apenas quedan sombras de tus besos.

Claro que existe el paraíso y mi locura,
por eso día a día para ti lo reconstruyo
porque entre sombra y soledad te intuyo
como la más dulce de las esculturas.

Yo, tu triste corazón sé lo que piensa,
sé que te duelo en el alma y en la piel
que tu añoranza es cada vez más densa
como densas viajan las nubes a tropel.

Yo también busco tus besos en la playa
por esa arena que tan dulce baña el mar
y no me rindo sin antes presentar batalla
y luchar por volverte a conquistar.

Me encanta ver tu piel tan tersa y bella
encarnación de un beso, y la lujuria
despertar abrazados bajo las estrellas
tallando a fuego el momento en mi memoria.

Y ese grito que lanzaste alto y fuerte
va perdiéndose en la tarde lentamente
no es el grito de tu cuerpo agonizante
es señal de que he logrado conquistarte.

Sé que piensas que este beso ha sido un sueño
el más grande anhelo de una vida incierta
basta ya de un corazón solitario y en alerta
abre tus brazos que ha llegado tu dueño.

"Cuando yo me vaya"

Cuando yo me vaya, de mí tal vez quede,
un tenue recuerdo, una flor sombría,
cuando yo me vaya, tal vez algo me lleve,
fragmentos de un verso que nadie leería.

Cuando yo me vaya seguro que nadie
se habrá de enterar y me iré callado
cuando yo me vaya al caer la tarde
no me ha de importar la que me ha olvidado.

Cuando yo me vaya, llevare en mi mente,
nostalgias de amor, desdén y tristeza.
cuando yo me vaya no tendré presente
todo lo que acaba, todo lo que empieza.

Cuando yo me vaya nadie ha de llorar
mi ausencia ha de ser, tal vez ignorada,
cuando yo me vaya tan solo he de ser
en un almanaque, una hoja arrancada.

Cuando yo me vaya, habrán de tirar
al cesto palabras, que fueron poesía,
y en algún rincón, se habrán de borrar
fragmentos del verso, que nadie leería.

Cuando yo te pienso.

A veces, cuando te pienso, parezco adormecerme,
y al tenderte las manos las sensaciones pierdo
a veces, si te busco, huyes de mi recuerdo,
a veces te ama el cuerpo, y el espíritu duerme.

Nuestras almas bien sincronizadas y tan indiferentes,
ruedas que el eje unía, y que el eje ahora separa,
van por carriles paralelos, quién me los acercara,
vínculo descentrado como una alianza de ausentes.

Tengo fe en tu vigor, tan sólo interrumpido,
por los gritos de mi alma temerosos y violentos
con la esperanza de ver nuestro amor restablecido
traigo la luz de un faro que vence los elementos.

Tú has abolido en nuestro amor tanta expectativa,
que sobre el primer encuentro mi alma edificaba
que aunque tu imagen en mi permanece aún viva
dentro de mi alma ya se bate en retirada.

Ignorando el instinto clavado en los sentidos,
yo extendiendo los brazos sin tocarte las manos
cuánto tiempo ha pasado, cuántos años perdidos,
viendo la misma estrella desde ángulos lejanos.

Somos un par de locos por caminos distantes,
inmersos en los sueños que no se fusionaron
dos poetas que pudieron llegar a ser amantes,
y en ajenos abrazos sus almas se olvidaron.

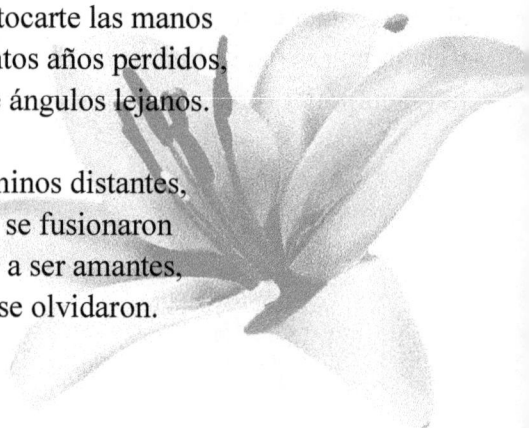

Cumplamos la profecía.

Levántate dulce sombra, súbete a mi morada,
y entrégame tu corazón en un vaporoso abrazo
quiero que nuestras almas permanezcan enredadas
y que tu sombra y la mía se paseen juntas del brazo.

Ha sido solo tu sombra lo que de ti me ha quedado,
ya mis recuerdos se pierden como el agua en la tierra
hasta mis letras carecen de aquel brillo dorado
que hasta si pienso dormido, el mismo sueño me aterra.

A veces me pregunto si todo tuvo algún sentido,
que te alejaras de mí, remontando las mareas,
que dejaras nuestras letras, tantos momentos vividos,
tantos bellos sentimientos, tantas hermosas ideas.

Hoy sin embargo quisiera aplicar nuevas variantes,
seguir gritándole al mundo todo lo que te quería
que somos almas gemelas, que somos buenos amantes,
y que quizás una noche cumplamos la profecía.

Daniel y Dariel, aún no les conozco.

Abren tanto los ojos que se comen el mundo,
niños de tanto asombro como de pocos años;
todo tan incitante, tan nuevo, tan profundo,
como si magos fueran y para vivir lo hicieres,
pero aunque no lo hicieran, para ustedes será todo.

Pequeños reyes que juegan a absorber cuanto miran,
su reino está dentro de ustedes, pero, de cualquier modo,
a conquistas externas forzosamente aspiran,
suyas serán las formas: El águila en el vuelo,
el colibrí en las flores, el ciervo en la llanura
y suyos los colores: Azul claro de cielo,
rojo intenso de fresa, negro de noche oscura.

Se apropiarán los tonos: Rasgueo de violines,
murmullos de corrientes, rumores de arboledas,
recibirán aromas de violetas y jazmines,
melodías los aires, azares las veredas.

El mundo en que ahora crecen será una gran
manzana a la espera y deseos, de que extiendan la
mano; todo cabe en sus ojos, de ustedes será el mañana,
mañana tan distante, mañana tan cercano.

Derramando amor.

Descubrí dulzor en tu mirada
y en tus labios los deseos escondidos
un raro temblor te acompañaba y
al colocar tus pechos sobre mi pecho tibio
sentí el galopar de tus sentidos.

Tus dulces labios buscaron los míos
que hambrientos de placer ya esperaban
con besos relamidos y atrevidos
ahogando tus palabras y tus latidos.

Tú sensual y febril me provocabas
con gritos de pasión y con gemidos
despertando en mí, el animal dormido
para viajar en él a horcajadas.

Te penetré mientras cabalgabas
montada en silla de desnudes total
sustituyendo ausencias con mis manos
y derramando mi savia en tu caudal.

Destrozado por dentro.

En confusas respuestas salieron ganando las dudas,
las que no formulan ruegos, ni quejas, ni interrogantes,
que se ocultan del destello de una verdad desnuda
sobre el amante falso, sobre el verdadero amante.

Y aquí vengo cubriendo con capa de mansedumbre,
las afiladas aristas del cansancio, el odio y la ira,
y tu añadirás al fuego grandes leños de incertidumbre
cubriendo con engaños cada faceta de tus mentiras.

Cada palabras salida de tu boca empujará veloz,
su propio ritmo de mentiras con grotescos ruidos;
que mi voz, tratara de cambiar al entrar en tus oídos,
para que se me devuelva el amor en eco de tu voz.

Hoy, con mucho dolor y casi sin color mi vida,
cómo quisiera hundirte en el océano del olvido...
qué mágica ilusión de engaños me diste un día,
cómo me destrozaste por dentro amada mía.

El amor duele a la distancia.

Cómo puedo abrazarte, tú que tanto me incitas,
si la distancia te impide percibir mi temblor
de qué valen mis palabras si te llegan escritas
de qué sirven los besos si no irradian calor.

Tal vez por haber sido con exceso optimista
te he encontrado cercada de murallas de olvido
el rastro de mi sangre y mis huellas se han perdido.
Y como podré encontrarte, mujer de mi conquista.

Alguna vez la ausencia le deja el campo abierto
a quién la injusta suerte le pone en tu camino
porque estar lejos, es lo mismo que estar muerto
que despierta extranjero, de vuelta en su camino.

Te ignorarán mis manos al hacerte el amor,
mis ojos y mis labios omitirán el contacto,
y tu piel será ajena, remota a mi temblor,
sin que por eso deje de consumarse el acto.

Sólo tenues murmullos, vibrantes alaridos,
sofocantes jadeos, o reposada calma:
la cópula a distancia que entra por los oídos
y convierte alma en cuerpo, y torna cuerpo en alma.

El amor no es agonía.

Se hace silencio cuando caminas conmigo,
no hay gemidos amor, solo luces en la senda,
fechas de felicidad, mucha paz, mucho abrigo,
solo amor y ternura mantenemos en la agenda.

Los cielos se tornan en paraísos de ensueños
con la misma claridad al tacto y la fantasía
nuestras vidas son de paz y de buen empeño
no más sufrir de noches tristes y sombrías.

Los corazones dolidos no son menos intensos
mantienen las ansias vivas de la espera anticipada
elevando nuestras almas en volutas de rico incienso
y exhaustos nuestros cuerpos caerán a la alborada.

Quiero albergarme en ti y disfrutar sin carencias
como la voz que anida muy dentro de tus oídos
como los ríos que bajan arrollando turbulencias
en plenitud sin fallas, sin dudas y sin olvidos.

No pienses ni un solo instante en la tristeza
el amor no acaba si se cubre de alegrías
solo si abres tu alma con absoluta franqueza
encontraras el amor como una dulce armonía.

Lo que necesitamos amor es un contacto suave,
que reafirme nuestro amor, esa será la clave.

El amor en la pradera.

Toda entera tú, un beso inesperado,
y yo esperando ese beso inextinguible
estas aquí de pie y me parece imposible
pero es real mi amor, lo hemos logrado.

Desde tu última carta se avivó mi sentido,
y mi alma guarda todo ese sentimiento
he soñado con tu piel, ese placer prohibido,
y ahora estas aquí, valiente atrevimiento.

El olor de tu piel, abre labios sedientos,
y veo tus labios rojos que se quieren abrir
te abrazaré fecunda y en variados intentos
te morderé los labios hasta verlos sonreír.

Yo por ti he vivido, latente en mí vivías,
días, horas y años, sin tu ni yo saberlo,
pero era un poema escrito, como una profecía,
de que un día como este llegaríamos a verlo.

Y es inútil que intentes dejar pasar los días,
procurando olvidarlo, o no reconocerlo.
se nos ha prefijado un destino inevitable,
y nadie en esto tiene que sentirse culpable.

Quiero que en tus brazos me atrape la tormenta,
me empape la carne y el alma hasta mis huesos
y que tú seas el dique que sin querer revienta
desbordándome todo y ahogándome de besos.

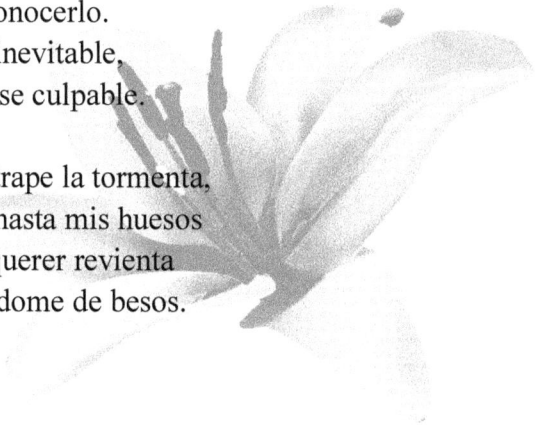

El amor, hecho hombre.

Dios creó los cielos, la tierra y el mar,
y el destello creó en mí, tan fulgurante,
como la vida que a mi espalda se apretuja
pues ser padre, es también saber amar.

No me ven con sus parpados caídos,
pero les doy mi melodía transparente
susurrándoles muy cerca en sus oídos
con mi alma, que yo sé que ellos sienten.

Alargo mis brazos con un gesto intermitente,
giro mis hombros y la espalda se me arquea
dejo flotar mis sueños y mi mente
y con ustedes, doy sentido a mis ideas.

La música y el ritmo nos envuelven,
tiemblo de gozo, con ondulación vibrante
dos pétalos de jazmín que se retuercen
bajo los brazos de su padre vigilante.

El barco de la amistad.

Yo quisiera una amistad con amplitud de mares,
y sólido cimiento que no se estremeciera;
pero la vida es corta, y entre tantos azares
la esperanza sucumbe y los sentimientos van fuera.

Por eso el verso es la esperanza mi hermano,
y en el camino del poeta el porvenir sucede
que ambos marchamos unidos de la mano
y si un verso se adelanta, el otro retrocede.

La poesía es lealtad, no tiene contradicciones,
es un compendio de ideales y de materialismo
de tristes desengaños y alegres ilusiones
de un amor absorbente y de múltiples pasiones,
un mundo en desacuerdo total consigo mismo.

No necesito en mi barco esta singladura
ni brújula ni estrella ni odio que me guíe,
sólo una cierta dosis de amor y de locura
que me haga zozobrar o en tu boca me extravíe.

El impacto de tu silencio.

Me robaste la mente al pronunciar tu nombre,
me salpican tus dedos y quedo humedecido
no hay propiedad mayor, la de sentirse hombre,
que reclamar la fuerza de todos mis sentidos.

Baja del último aliento cuajado por tu tacto,
se apropia de mí, de mi piel y de mi alma,
y descarga sobre mí su más mortal impacto
con cuya posesión toda mi atención reclama.

Quiero verte, entre parpadeos un instante,
como un relámpago en la noche, y luego,
que vuelva la oscuridad desconcertante
porque si tú no estás, me quedo ciego.

Sin el mar, sin playas, sin colores, sin ti,
el mundo es un vaivén de ruidos, solo un juego,
si no te hubiera visto, te juro no sabría,
como es la luz y el esplendor del día.

Sólo amo las palabras cuando tú me las dices;
pienso que tú las amas cuando las digo yo.
las demás están huecas, no son sino barnices,
corteza de la fruta que nunca maduró.

Las mías y las tuyas tienen la contextura
del fruto sazonado que se puede morder;
se derraman sus jugos por cada rasgadura
como vacía el hombre su savia en la mujer.

Vestido me he quedado de cantos y poemas,
y cada nota mi amor, cada verso te reclama,
ataviada estas de luz y de fulgurantes llamas
de noche tú me alumbras, de día tú me quemas.

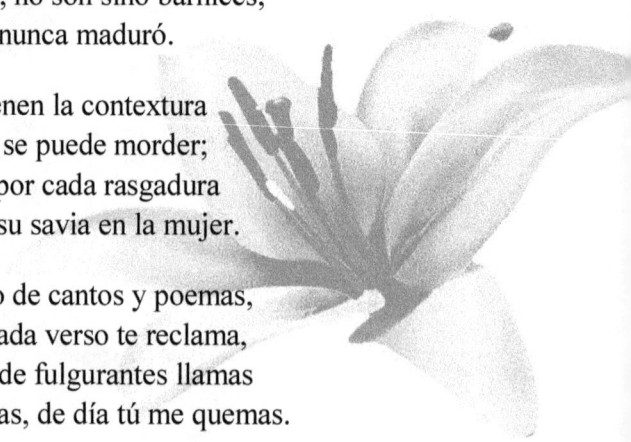

El libro que un día escribimos.

A veces repaso el libro que escribimos,
recorro tus ideas y balanceo las mías
pensando ¿porque fue que nos rendimos?
nos falló el amor o fue simple cobardía.

Ahora, en insensatez de edad madura,
me siento un cazador ya prisionero
de las letras que una vez amé ligero,
y que me hicieron perder la cordura.

Llevo el alma partida en muchos trozos,
pero seguiré mis sueños por la vida
no lograrán que el rencor abra mi herida
ni el abandono me cauce más destrozos.

Yo coloco mis letras en campos sembrados,
sin importarme los fracasos, los sollozos,
me recompongo si me siento abandonado
y le dedico mis poemas feliz y orgulloso.

Me enorgullece ver brotar las rosas,
que sembré con mis manos y al abrigo
hoy me parecen estrellas glamorosas
y aquí las comparto con todos mis amigos.

Ya no importa si fuimos amados o si amantes,
ya no hay después, ni ahora, ni mucho menos antes.

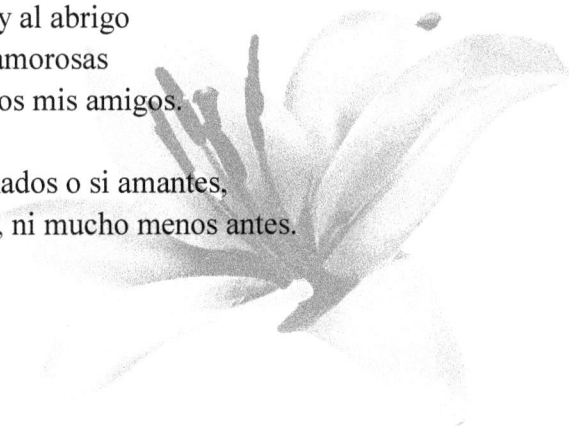

El pudor contra el olvido.

Consideras el silencio un arma contra el olvido,
de una mujer que se encuentra muy distante
al alejarte de ella como esposo o como amante
solo lograras un silencio triste y dolorido.

Convertirás ese amor en un triángulo prohibido,
arropado de malicias y sonrisas insinuantes
impenetrable y triste al fin, vacío y tan distante
como si nunca en la vida se hubieran conocido.

Si ella acepta ser feliz con ambos complementos
¿será que podrá abrirse a locos atrevimientos
de un extraño amante en asedio inexorable?

Sabes que en el amor nada hay garantizado,
ella amó a su esposo y también amó a su amante.
por eso su fortaleza no es inexpugnable.

En esta noche de plata.

Con su adquirida libertad, la noche se renueva,
y te ofrece la vida, esa que aún no conoces
no hay restricciones veras, solo para quién se atreva,
a contemplarla inmerso entre letras y poemas.

Empiezas a vivir, a gozar la danza y la euforia,
mariposillas flotando en un arriesgado juego
sobre la llama caliente de una fina palmatoria.
Ay, cuántas alas de amor serán abrazadas al fuego.

Tallé esta noche de luna, con una diadema de estrellas,
también lo bello y profundo de una cita poética,
y el más hermoso sendero con dos castas de huellas,
para poder cabalgar sobre las crestas oceánicas.

Quiero entregarme en los brazos de una mujer hermosa,
que me acune todo el tiempo de una forma entrañable.
que se convierta algún día en una amantísima esposa
y de sentido a mi vida de una forma responsable

Por eso abordo esta noche con mi pluma rutilante,
para registrar los sonidos que con la luna despiertan;
quiero, por si al fin no llegas, inventarme una amante,
de las que tal vez se mueren, pero que nunca desertan.

Entre sombras y polvo.

Queda entre sombras y polvo toda mi vida,
en cada ángulo perdido, en cada esquina
hoy soy tierra de nadie, un templo en ruinas
quiero que el sol en mi vida otra vez resida.

Soy un fantasma gris, cansado de esperarte,
que rescata sus versos en ventanas y balcones
fui una parte de ti, y tu aún de mi eres parte,
si el mar se aleja de la orilla tendrá sus razones.

Yo aún persigo los recuerdos evasivos,
que llegan a mi mente de tiempos no lejanos
por eso me aferro a ti para mantenerlos vivos
suplicando que recibas mi corazón de mis manos.

Entre sombras y polvo yace mi pluma dormida,
espero en algún momento oír sonar tu campana
y que mi alma silenciada recobre al fin la vida
y pueda al abrir los ojos contemplarte en la mañana.

Entre lámparas y sueños.

Reclamaré tu amor en silencio y a la espera,
porque al saber de ti hoy me cantan los rosales,
ya se acaba el invierno y llegará la primavera,
y aún hay residuos de escarcha en los cristales.

Ven acércate a mi triunfante, orgullosa, aguerrida,
deposita en mi pecho tus besos y tu amor vibrante,
no dejes que termine la fragilidad de este instante
que quizás sea el último pulso que me quede de vida.

Tengo mucho miedo a perderte o compartirte,
O que, al hacer el amor, halle huellas en tu piel,
yo te suplico que en tu vida sea tu único corcel,
y con paciencia infinita modelarte y esculpirte.

Por eso en las noches, vestido de cantos y poemas,
construyo cada nota y cada verso que te reclama
y llegas hasta mi ataviada de luz y de llamas
y esa noche me alumbras y también me quemas.

Y luego, amor demuéstrame todo tu entusiasmo,
libera esta dulce unión de tácticas y frenos,
quiébrense nuestros labios en relámpagos y truenos
hasta culminar la sima en el fuego del orgasmo.

Eres bienvenida amor.

Has llegado amor, sé bienvenida,
muéstrame el dolor de tu pecho herido
cierra tras de ti la puerta infame
y cálmate con mi fuego, olvida.

No pienses más amor, él ya se ha ido
no pudo aguantar más su alma impura
que lo empuja a hacer el mal, que lo tortura,
y que como fuego del infierno lo ha vencido.

Entrégate en mis brazos mi hija querida,
yo soy la paz y el amor, yo soy romance,
soy tu padre que te ama, no más percances,
déjame abrazarte y curar tus heridas.

No hay reclamos en mí, tú eres mi reina,
el único don que me concedió el cielo
estas en casa, no lo olvides, yo velo,
levanta tu rostro, respira hondo y sueña.

Esa Palabra.

Si no quieres decirla ¡calla!,
es preferible que muerda tu boca,
a que en un arranque de lujuria loca
como relámpago en la noche oscura;
te alejes desnuda dejándome a solas.

Juega entre mis brazos, y solo calla,
será una noche viva de sangre y gozo
bajo tu piel rodando, amor miel y nata,
manos y muslos en alocado retozo,
que nunca a tu vida llegue el ocaso.

Quizás no quiero verlo,
solo deseo tocar tus manos hambrientas,
las líneas suaves y deliciosas de cada palma
donde no hay enigmas solo lujuriosos clamores
reventando lo profundo y cálido de mi alma
sumergido en tu sensualidad y en tus amores.

Si es lo que quieres, me mantendré dormido,
disfrutando por siempre de tu cuerpo desnudo,
y esperando que, al llegar el alba, no hayas partido.

Ese algo en ti.

Ese algo de ti, a mi corazón siempre atado,
como calendario exangüe gasta la última hoja
como luz en los caminos, como alegres caracolas
yo no quiero que se aleje nunca de mi costado.

Ese algo mío en ti, como niebla en descampado,
deslizándose en los cielos para llegar a tus sueños,
son los recuerdos felices, recuerdos nunca olvidados,
amores que reconocen en nosotros a sus dueños.

Algo tuyo se me adentra muy profundo en el alma,
pero nunca me producen miedos y desconsuelo,
viene a mí, es un torrente de tu sangre que me clama,
entre susurros y letras que juntos alcemos el vuelo.

Ese algo es el amor, que hoy por ti ha revivido,
por tu boca delicada, por tus letras cadenciosas,
que va arrojando al pasar grandes manojos de rosas
y que me llevas tatuado en la piel de tu vestido.

Por eso algo de ti, hoy da voz a mis sentidos,
baja de la alta montaña hasta el cauce de mi rio
se me acomoda en el pecho dándome nuevos bríos
besándome el alma entera, deteniendo mis latidos.

Algo de ti ha llegado a mi jardín aún dormido,
se despertaron las rosas, los claveles, he revivido.

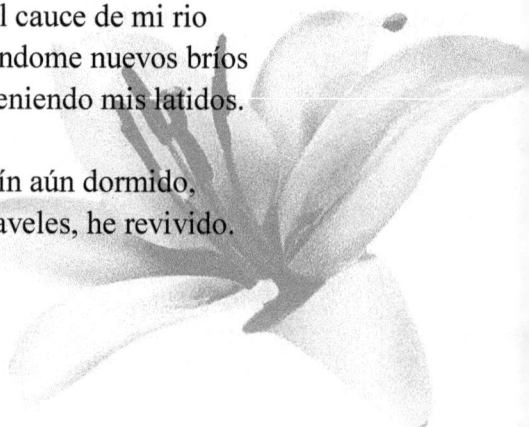

Es mi alma quien te siente.

Vestido voy de amor, mi canto es mi gemido,
tu recuerdo me quema, me abrasa la memoria
releo tus poemas que son como tu historia
mientras tu corazón me regala sus latidos.

Si pródigo me otorgo, y a tu brazo me amarro,
si es de agua o de vino la copa de que bebo
no sé si lo que toco es de oro o de barro,
pero sé que estoy vivo cuando tus labios pruebo.

Rastreo tu belleza hasta su desembocadura,
luchando jubilosa aún contra la corriente
belleza despojada de bruma y vestidura
en cristalina, tersa desnudes inminente.

En silencio de nubes, en suavidad de arenas,
que fluya como rio, que como marea insista
conjurando los versos que arden en mis venas
e ilumine mi vida con ardor de exorcista.

Los versos y la música nos envuelven,
como amante en los brazos de la amante
llenos de gozo de ondulación vibrante
pétalos de rosa que tenues se disuelven.

No te ven mis ojos, mis parpados caídos,
pero sienten tu melodía transparente
no se sabe si tiemblan en mis oídos,
o es mi alma tan solo quien te siente.

Estarás a mi lado.

Estas hecha del aire, del agua, del sonido,
de perfiles que colaboran en tu naturaleza
yo te respiro, bebo y escucho, y me he dormido
en el sereno abrazo de tu mar embravecido.

Yo imaginé encontrarte en otoño o en verano,
encarnación del triunfo, estrella de mi gloria,
y acercarme a tu costado mi bella enredadera
y que el mundo nos observe tomados de la mano.

Porque te he hecho tan mía que no has estado aparte,
eres casi yo mismo y bajo mi piel me gritas
por eso aunque te añoro no tengo que esperarte
porque estoy en tus sueños y tú mis sueños habitas.

Yo te siento a mí costado como almendro florecido,
como si un soplo de ti en forma callada vuela
soy el viajero que cruza sobre un mar embravecido
para poder estar al fin, junto a su Alma Gemela.

Estas grabada en mi memoria.

He grabado tu rostro en mi memoria,
a fuego vivo en mis raíces profundas,
y mi pluma ha dejado de ser fecunda,
desarraigada sin dolor, penas y gloria.

El fuego del olvido hondo se enraíza
muy profundo y de muy mala gana
como humo gris huyendo en filigrana,
convirtiendo mi vida en un nido de ceniza.

Esta espera de ti clava en mí cuchillos
y va punzando la corteza de mi entraña,
como fauces de jabalí, cuyos colmillos,
me la desgarran con furia y violenta saña.

La belleza es como un efímero atributo,
y solo su recuerdo vive eternamente;
si un día mi amor el corazón te exige luto,
piensa qué espléndida aún te ve mi mente.

Extraño tus palabras.

Extraño tus palabras, doradas filigranas,
íntimas como el alma, como la piel, tangibles,
refrescando mis otoños, grises y desapacibles,
y tus poemas preciosos que me llegan al alma.

Hoy me huelen las manos a rosas y poemas,
me ha llegado tu carta, delicia de primavera,
hoy el cielo es hermoso, no se presagian dilemas,
tú conmigo y tu carta, al pie de una palmera.

Yo mantendré tu carta apretada en mi pecho,
conteniendo temblores de fragancias, de aliento,
me mantengo muy alerta y en constante acecho
porque te siento presente, dentro de mi yo te siento.

Y tengo un poema escrito para una mujer sola,
es un poema escrito por un corazón muy solo
que en nuestro banco del parque debajo de la farola
construyo con mucho amor, sin doblez ni protocolo.

Si vienes a recogerlo, debes alargar el paso,
con seriedad adusta, con decisión sin alarde,
ven entrégame el alma, descansa en mi regazo,
aún brilla el sol, y para el amor nunca es tarde.

Fabricando un sueño.

¿Por qué no puedo al fabricar mi sueño,
soñar con los seres que no tengo y que ignoro?
sé que habrá alguno, que cuando río o lloro
quiera saber de mí, de mi vida y de mi empeño.

Que se esté preguntando lo que yo mismo inquiero,
una persona que sea un ángel, mi alma en la lejanía,
que me libere de esta celda donde espero prisionero
y que su decisión de amar sea grande como la mía.

Tiene este ángel mil dedos y con todos me acaricia,
por ella vivo y escribo, y hacia ella me dirijo,
para beber en sus fuentes las mieles de la delicia.

Por eso yo sé que tú instintiva me defiendes,
y que para ti estar lejos no tiene gran relevancia
porque si te veo en sueños y te llamo, tú me atiendes.

Febril locura.

Te miraré desnuda dulcemente acurrucada,
mirándome a medias como quién ofrece más
y yo esperaré que alejes de ti la almohada
que protege tus gracias a base de quizás.

Frenando mis impulsos, observaré el proceso,
con un poco de intriga y algo de indolencia
luego toda desnuda, te daré el primer beso
que borre de tu rostro todo signo de inocencia.

Llegaré a tus aguas extendiendo un manto,
de sabor salobre y guarnición de espuma
y sobre tu ardiente desnudez, en tanto,
avanzarán mis dedos sobre tu inmensa bruma.

Y flotaras sobre mí tu hermosa superficie,
mientras yo febril ataco todas tus defensas
con mi boca armada de unas ganas inmensas
que me bese tu boca y tu piel me acaricie.

Y cuando sientas dentro mi total entrega,
y tu cuerpo de ébano responda enteramente
vibrarás de lujuria y deseo irreverente
y aceptaré gustoso cuanto de ti me llega.

Historias que nos traen las sombras

Como recordar aquella negra noche
de pasos agobiados por el tiempo
de árboles clausurados por el cielo
de tibias puertas de cristal y abismos.

Donde una nube ocultara una estrella
cortando una porción de firmamento
soñándote cada noche oscura y bella,
y dejándome habitar tu pensamiento.

Por esas calles donde crece el miedo
quema la angustia cuando pasan las horas
un cuento siempre se va y se repite
un ansia interna que lo embarga todo.

Unos labios secos de maligno extraño
de hondos días de llover profundo
guardan misterios tras los ventanales
cuando entre pasiones convulsiona el mundo.

Hoy ya no tengo frio.

Flota muy dulce el aroma de tu recuerdo
en perfecta cadencia como suave melodía;
llegando a mí en las primeras horas del día,
y en su armónica ráfaga sin ti yo me pierdo.

Cierro mis ojos, y se resalta toda tu figura
como un tembloroso y bello surtidor de fuego,
y a tu vibrante convulsión todo me entrego,
ahuyentando tu luz mi triste noche oscura.

Una mitad de mí sin ti estuvo perdida,
cautiva de otros sueños, y de otros ojos,
y al fin apareció ante ti, rota y herida,
perdiendo el alma a borbotones rojos.

Yo te abracé, y te reclinaste en mi brazo;
no murió tu dolor, yo solo lo hice mío;
me siento entero amor contigo en este lazo
de risa y llanto pero ya no tengo frío.

La Amistad un gran tesoro.

La amistad es un tesoro, no se debe desechar,
a veces utiliza las letras, puede que el ordenador
y en nuestro caso querida, hemos querido confiar,
que sin pedir nada a cambio la amistad nos da calor.

Lo puedes asegurar, que mi cariño es sincero,
respeto tu intimidad, solo se lo que has querido,
pero en momentos donde uno se considera abatido
las palabras de un amigo han sido nuestro asidero.

Yo me alegro que mis letras te ayuden a reflexionar,
ver la vida de otra forma, saber que sola nunca estas,
que si la salud nos falla, o se hace pesado el andar,
detrás de nuestras pantallas hay amigos de verdad.

No tienes que darme gracias, para mí es un honor,
saber que tengo una amiga, de letras del corazón,
que compartimos problemas, penas que causan dolor,
y que formamos familia más allá de la razón.

Cada uno Ana María tiene vida independiente,
pero en el mundo de letras van unidas nuestras mentes.

La noche y su desafío.

Se me acercan las sombras de la tarde.
qué mantienen mi alma en cruel penumbra
que a la noche precede, acaricia brilla o arde
cada constelación que, sin ti, ya no deslumbra.

Cada pedazo de mi alma escrita en voz alta
cada parte de mi cuerpo por tu mano escrita
traspasan mis oídos que te echan en falta
cuando por ti sin quererlo toda mi alma grita.

Es tu pensamiento el que a veces percibo
que me llega como hálito, un jadeo a veces,
y yo contesto a todo solo cuando te escribo
sin miedo, sin temores, sin pensar en reveses.

Esta parte intrincada de tu dulce recuerdo
que quisiera perder sin valor de perderlo
no podría la muerte para ello insobornable
separar para siempre lo que es inevitable.

O no podría limpiar de dolores mi paso,
limpiarlas con las místicas aguas del Egeo
y olvidar para siempre que no hay fracaso
si es incapaz la menta de lograr el rastreo.

Cada instante es tu mundo, y es el mío.
quisiera rendirme ante este cruel desafío.

La poesía virtual.

Se oculta la poesía entre velos transparentes,
tan expresiva toda ella, aunque parece muda,
y llega con su fuerza hasta los más inocentes,
para unos bien vestida, y para otros desnuda.

Leer tus poemas es escucharte sin palabras,
rozar todas tus formas sin lograr tocarte,
lograr con cada verso que tu corazón me abras
que sin darme me des, y yo por siempre darte.

Ni pensar ni soñar entran en su entorno;
pujanza, cópula, violencia, entrega total
la poesía es origen y fin, laurel y adorno,
y en el mundo moderno es poesía virtual.

Y descubrí otro mundo, este que aún perdura,
que está dentro de mí, solo cuando estoy contigo,
con la poesía se alejan las noches más oscuras
y hoy resido en la luz porque ella va conmigo.

La paz y tu esfera de influencias.

Añoro una esperanza que no se estremeciera;
compendio de ideales, de fe, sin pesimismo,
que me amara en acuerdo total conmigo mismo
y que, si yo flaqueara, la fe me devolviera.

Quiero ser el hombre feliz de paz y sin violencias,
libre de desengaños, temores y de falsas ilusiones,
de un amor absorbente y de múltiples pasiones,
y perpetuarme por siempre en tu esfera de influencias.

Un hombre que sus dedos sean diez exploradores,
y que naveguen por tu cuerpo donde ellos quieran ir,
detenerme en tu boca con tu cuerpo en mil temblores
para darte mil razones de que pares de sufrir.

Y si te sientes con ganas de abrirte a otros intentos,
si tus manos juguetonas buscando mi fuerza están,
te complaceré querida porque mis labios sedientos
allá en tus zonas oscuras con mis dedos danzarán.

La soledad no es mi amiga.

Sé que es la soledad, platico con ella,
es como el perro amigo que lame tu mano
como una calle sin farolas, y sin salidas,
y las ventanas cerradas en muros de piedra.

Una página vacía que suplica unas letras,
cuarto de niño frio, sin cunas, sin gritos,
una montaña escarpada de cumbres blancas
un reto en la distancia, la paz sin sueños.

No quiero su amistad, pero ella se impone,
y las personas que amo no se dan cuenta,
no bebo, así que tampoco tengo esa puerta,
sus misterios me tientan, pero no me apresan.

Solo hay dos formas de enfrentarla en vida,
dejar que nos moldee o luchar por moldearla
se hará fuerte si el alma permanece dormida
incapaz de expulsarla o de controlarla.

¿Por qué, si no, al mirar las mismas cosas,
que tergiversa el espíritu y el ambiente,
lo que uno ve atractivo, o convincente,
otro lo arropa en dudas nebulosas?

Por eso cierro los ojos, y el entorno oscuro,
englobando mi mente, la soledad desplaza;
nace una luz lejana, y tras ella me apresuro
a bosquejar un sueño de amor, y darle caza.

Laguna de Mujer.

Bendice mis ojos con tu piel, laguna de mujer,
ya que la luz duerme en ella, y el tacto y el color,
sácame del fondo oscuro, no me obligues a beber,
del fango de tus dudas, ni arrastrarme en tu temor.

Porque yo te amo, con el amor que otra condena,
que esta fuera de lo legal, de lo aceptado,
como quien rompe puertas, argollas y candados,
como se ama y se quiere a la mujer ajena.

Te quiero porque no eres, como todos saben que soy,
porque mi imagen no se refleja en tu espejo
y si al mirarte a ti mi amor, surgiera mi reflejo,
dejarías de ser lo que para mí eres hoy.

Por los poros del cuerpo se me ha filtrado tu alma,
dejándome vacío de miedos e inquietudes,
contigo voy vestido entero, de la deseada calma,
persiguiendo tempestades entre las multitudes.

Yo sé que de noche tu sueñas que me amas,
como si mis manos estuvieran contigo,
y aunque tan lejanas están nuestras camas,
sé que sabes que tus manos retozan conmigo.

La Luna entre olas.

Me sumergí para buscarte entre las olas
llevando mis esperanzas allende los mares
con el alma tendida sobre las barcarolas
para mirándote a los ojos, olvidar los pesares.

Con la mano tendida, buscare yo tus manos
para en un tierno abrazo colmarte de amor
rodeándote por siempre con este calor humano
que no solo protege, también cura el dolor.

Hablare con la Luna, que me cuenta tus cosas
sabe de tus salidas, cuando buscas el mar
con mil ojos inquietos, te observa curiosa
y me cuenta la forma en que te debo amar

Ella descubre en tu salida, cada faceta nueva
cuando hablas a solas afianzada a mí recuerdo
esperando una carta, un poema, una prueba
y su luz me aproxima directo a tu encuentro.

Las penas y el hombre.

El alma de un hombre estalla si una pena lo embarga,
si se refugia en el vino, o en los amigos de barras,
puede que escriba un poema si la noche no es muy larga,
si las fieras o demonios no clavan en él sus garras.

Las penas calan muy hondo por los silencios del alma,
y les va poniendo voces y les va haciendo palabras,
y terminan encontrando las historias más amargas
aquellas que duelen tanto, que te arrebatan la calma.

La pena baila en silencio y de jugar nunca se cansa,
y por eso puede sacar cosas que el hombre se calla,
recuerdos casi olvidados pero que queman por dentro
y que logran muchas veces que se cobre una venganza.

El hombre que tiene amigos nunca una pena se calla,
no lo asaltan los demonios, ni clavan en él sus garras,
escribe bellas canciones, poesías salidas del alma,
si esta triste todo el grupo se apresta para la batalla.

Cuando un hombre se enamora nada lo puede vencer,
lo apoya en todo sentido el corazón de una mujer.

Latidos que duelen.

No me sirve la sangre, el dolor o los latidos,
con que la furia de tu corazón hoy me grita;
yo veo mucho más allá de todos los sentidos,
de la fría razón y del amor que no palpita.

¿Qué soledad es ésta que destroza mi vida,
que no me deja solo, acabando con mi consuelo?
¿De qué forma puedo impedir su despedida,
si no alcanzo a librarme por el dolor y el duelo?

Me acompaña su aliento por la calle, en la alcoba,
y de noche entre la muchedumbre, callada, persistente
la maldigo, y se queda; y hasta el dolor me roba
me arrebata los impulsos la transparencia de mi mente.

En mi centro duermes haciendo mis noches oscuras,
la doble contrariedad del dolor, la sombra y el sueño;
y en esta ambigua, triste, dolorosa y absurda conjetura,
yo menos consigo de ti amor cuanto más me empeño.

Cansado estoy del dolor al que por ti me someto,
a la paz, la guerra, la ansiedad, el triste empeño
quiero dormir, o morir, sobre la tierra de mi sueño.
porque la intimidación ha dejado de ser un soneto.

Llámale desde la ventana.

Llámale, que vendrá; dile, insistente:
"Ven, amor, ven rápido a mi lado,
que tengo besos que nunca te habrán dado,
y esta hermosa flor será nuestra simiente".

Vendrá, vendrá por fin si tú lo invocas
verás cómo esta vez no se extravía
y desandando desde el infinito cada día
regresará desde otros labios a tu boca.

Porque hay palabras ancladas en tus labios,
y aunque callar puede a veces ser de sabios.
son bellos bajeles sin poder hacerse al mar;

Ojos de verde mar…., hay tantos mares,
tanto marino huyendo entre cantares
mas también es de amantes desahogar.

Locura, placer y demencia.

Me acercare despacio a tu silencio,
porque presiento las ruinas de este amor
es muy hondo y muy grande lo que siento
que no me cabe en el pecho este dolor.

Soy un alma desnuda que desea vestirse,
que suplica a tu boca que la vuelva a besar
dos brazos dolientes que intentan abrirse
y un corazón que sangra sin poderse calmar.

Con solo tu presencia mi vida se sofoca,
cuando observo tú cuerpo que alegre me reclama
y tus muslos me abrazan cuando acercas tu boca
y me enciendes despacio con tu caliente llama.

El amor es batalla y a la vez es conquista,
una guerra de cuerpos que claman la victoria
suele ser ciego y mudo, pero entra por la vista
y se aferra en el alma, también en la memoria.

Y llamamos por pura conveniencia,
amor, deseos, placer y cruel demencia.

Los ocultos secretos.

Esquinados en un rincón oscuro
escondidos en un punto de la nada
viven en lo interno más profundo
los secretos ocultos de mi alma.

En oscuros baúles tenebrosos
rodeados por múltiples telarañas
recuerdos escondidos, dolorosos
que carcomen como viles alimañas

Amortajados como cuerpos carcomidos
protegidos con cadenas y candados
sepultados en sarcófagos de olvido
pues no quiero que sean encontrados

Ellos tratan de escapar de este su encierro
y la salud mental que no los deja
pues laceran cual filoso y frío fierro
me aniquilan, me maltratan y me vejan.

Es por eso que allí siguen sepultados
en el punto tan oscuro de la nada
ya que así no serán nunca encontrados
los secretos ocultos de mi alma.

Luciendo tus dos alas.

Luciendo en las mañanas entre velos transparentes,
tus alas seductoras de amor, de luz, piel y temblores
escuchaste mis poemas, mis suplicas y mis temores
que al pie de tu ventana se mostraban anhelantes.

Te observo, si intangible, tan hermosa, tan precisa,
que amanece en mis labios ese soplo, y comprendo,
como el viento me trajo tu aroma y tu dulce sonrisa
que como un milagro entre dos plumas me extiendo

Tú has sido la mujer que soñé, que amé, que conocía
has sido la canción que el universo por amor gestara,
que yo incesantemente en mis cantos y poemas repetía
dentro de mí, y que aun estando lejos se oía tan clara.

Tomemos las plumas viajeras, veamos donde nos conducen,
si al valle, a la jungla, a la estepa, al jardín o a la montaña
construyamos una senda de amor y que quienes la crucen
se den cuenta que lo construido con amor jamás te engaña.

Hoy me han cubiertos tus dos alas aflorando el recuerdo,
y lentamente me absorbes hasta dejarme sin nada
cuando más quiero hallarte, más me confundo y pierdo,
y al final solo soy un bardo en una ciudad saqueada.

Maldito dolor.

El rocío del sudor aún rueda por su pecho,
deslumbra la habitación estando toda desnuda
se asoma a la ventana y luego de vuelta al lecho
se detiene, me sonríe y luego a mi cuerpo se anuda.

No es un goce a largo plazo, sí un real alborozo,
sé que duró solo un día, fue lo que ambos tuvimos,
y por no aceptarlo sé que ambos nos hundimos
en un hoyo profundo solo lleno de sollozos.

Después de pensar en ti, solo quiero sumergirme,
alejarme bien profundo hasta que se toque fondo
y para el mundo, ya no estoy, ya no respondo,
que sepan todos que el dolor ha logrado destruirme.

Me absorbes el alma.

No te pienso con lógica, de hacerlo
tal vez, tal vez, no lograría amarte;
es fría la razón, propone un arte
de equilibrio, más yo quiero perderlo.

Quiero amarte en locura y paradoja,
opuesto a vaticinios y consejos
de arcaicos sabios o caducos viejos,
hasta ver que la luna se sonroja.

Voy más allá de lo que me has pedido,
más de lo que tu sueño ha presagiado,
más allá de lo extraño y lo prohibido,
hasta donde sin ti nunca he llegado.

Para ti he preparado la noche más oscura,
arropada en silencio, sin normas, sin riberas,
sólo una luz colgando sobre tu arquitectura,
y un asalto de todas mis implacables fieras.

Mucha soledad

En soledad, mujer enamorada,
perdido el brazo en torno a tu cintura,
a ti misma abrazada, enamorada
en noche tan desierta, tan oscura.

Hay canciones de amor en cada calle,
se encienden las farolas,
se pueblan de calor montaña y valle,
y el temblor de tu sexo… tan a solas.

Adhiriéndose a ti la enredadera
de estos brazos y muslos, de esta brasa
que no sabe entibiarse, de esta fiera
que cada día un límite traspasa.

Porque se acepta, más que se tolera,
porque se colma, y luego se rebasa;
adhiriéndose a ti, que estremecida
me absorbes el alma antes de quedar dormida.

Mi Amor te hablaré de sueños.

Si eso es lo que quieres, mi querida amiga
te hablaré de sueños, de amor, de la vida,
de cuando cruzaba con pasos muy lentos
frente a tu ventana, muerto de fatiga.

Te hablaré de estrellas fugaces que fueron
únicas testigos de penas y desvelos
de cauces muy secos y tristes desiertos
de la luna amante de mis desconsuelos
de querer mirarme en tus ojos bellos
y mi decisión de morir por ellos.

Tú hablarás de sueños si te lo pidiera
de las tardes grises de cualquier invierno
y quizás susurres cerca de mi oído
tus palabras dulces, palabras sinceras.

Pero no solo hoy, te contaré mis sueños,
cada noche tibia yo vendré a cantarte,
canciones, que logren la vida endulzarte
poemas que nunca hayas escuchado.

Y cuando la aurora detenga el momento
sabrás el secreto, de mis sueños soñados.

Mi paloma de ensueño.

Siempre serás bienvenida, mi paloma de ensueño,
aunque exista la distancia, el rubor, la fantasía
a tu puerta golpearé persistente y con empeño
y por tu ventana me verás morir de lejanía.

No sé si lo que quiero es hablarte con mis manos,
cuando las horas más bellas se me tornan sombrías
pero sacuden mi mundo desvelos cotidianos,
de recorrer tu cuerpo con la piel de las mías.

He de recorrer tu cuerpo de los pies a tu frente,
sobre una barca llena de mi deseo en flor,
y cuando la tormenta mi barca me reviente
naufragaré en tus brazos pletórico de amor.

No besaré tus labios en una habitación oscura,
donde el mundo nos mire fraguando una traición
quiero la luz mi amada, la luz más clara y pura,
observando en tu rostro, la más clara expresión.

Yo te invito a mis ansias, que tú has visto crecer,
con sabor agridulce de naranja y limón
es la expresión más pura que te puedo ofrecer,
de un amor que rebasa límites de expresión.

Cada vez que me nombras, en el eco me alcanzas,
multiplicas mis penas tan amenazadoras
yo que antes fui guerrero empuñando una lanza,
hoy soy avanzadillas con ansias vengadoras.

Por tu nombre mujer, a las cosas voy llamando,
y todos saben que vivo, porque te sigo amando.

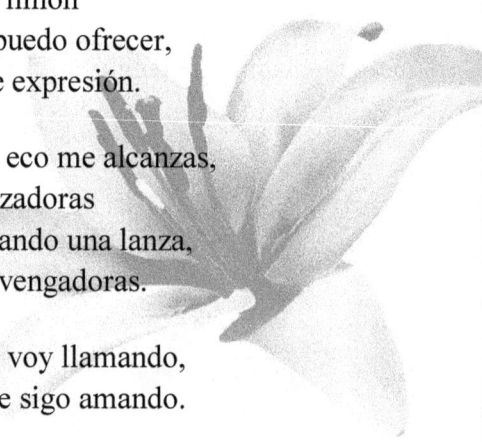

Mis letras con doble llave.

Me llega desde el centro de tu alma,
tanto amor y a la vez tanta interrogante,
que no quiero cargar tanto peso agobiante
cuando tú bella carta me produce la calma.

Cada noche en lo cálido del lecho recibo,
tu invisible abrazo, y tu dulce fragancia,
te acomodas a mi lado mientras te escribo
estas letras que reflejan mi constancia.

Tú desnudas mi alma con tus ojos trigueños,
que me miran por dentro aun sin estar presentes
desnudando mi mente, revisando mis sueños
con un amor tan dulce, amor clarividente.

Y si a mi encuentro vienes, luego de tu partida,
precisará mi vida de un corazón de acero
porque, al no haberte visto, con ansiedad te espero,
solo para abrazarte mujer desconocida.

Te escribo y me estremecen los temblores
de tu corazón que siempre ha sido la clave
de esta pasión que como redoble de tambores
me encierra dentro de ti con doble llave.

Mujer hermosa y desafiante.

Como un retrato de mujer, hermosa y tendida,
en aptitud desafiante, como mágica ofrenda,
te has mostrado cual eres, solo para que comprenda,
que he perdido en el viaje, quizás toda mi vida.

Quiero que arda este mundo de mentiras hirientes,
donde una emboscada, sin querer me ha hecho parte,
donde la verdad y la razón, no fueron ya suficientes,
y se ha quemado mi alma, mi vida y todo mi arte.

Quiero que llegue un viento que limpie los rastrojos,
llevándose hasta las nubes este amor que me doblega
que borre todas mis letras y libere mis enojos
y traiga con nuevos bríos el amor que otras me niegan.

Y tal vez los poetas, los amantes, los pintores,
los hijos de Homero, de Afrodita y de Marte,
que en viva llama expresan sus odios y sus temores,
puedan devolverme algo para continuar haciendo arte.

Y ese retrato de mujer que por años yo he llorado,
me ocuparé que no siga en mis paredes colgado.

No es mi pluma quien se aleja.

No hay un rincón de mi alma donde tú no estuvieras,
ni una esquina, ni un momento que te hablara de frío,
ni el rasgueado de una pluma que se aleja a su manera
y aún triste abandonado y solo, de la vida me sonrío.

Ni hay un recodo en mis letras que no hablen de progreso,
de amistad, quizás de amor que no anuncie tu venida,
aunque sé que las personas se van, y en su regreso,
no son más que una esperanza que a decepción te convida.

A tu recuerdo yo acudo feliz, descalzo y de puntillas,
para que nunca comenten las rosas que yo he venido,
las que un día vieron tu cerco de letras y avanzadillas
las que aprendieron tu nombre, susurrándome al oído.

Por eso esta noche tan clara, tan muda, y tan serena,
con esta ausencia testigo de un encuentro tan distante
yo mantengo la fragancia de aquella misma escena
de pétalos blancos y rojos, puestos a tus pies de amante.

Esta noche estoy solo, sólo con el recuerdo,
que aún me clava su daga sobre el costado izquierdo.

No sabes amor cuanto lo siento.

Murió mi amor y al llegar al cielo,
sentí un dolor profundo por haber dudado,
por confiar solo en lo que había escuchado
y hacer de tu vida tristeza y desconsuelo.

Hoy siento nostalgia de las estaciones,
donde la paz duerme inmensamente quieta,
rodeada de bien, de amor, sin desilusiones,
donde mirarte a los ojos era mi noche perfecta.

Me llega a veces tu canción lejana,
la sonrisa de tu rostro, el roce de tu vestido,
y de rodillas imploro por estar dormido
y me despierte pronto tu beso en la mañana.

Por eso suplico a Dios si un día yo veo,
entre rayos de sol, nubes y viento,
abrirse tus ojos lejos en el firmamento
que te deje saber amor, cuanto lo siento.

Nuestra suprema entrega.

Llevo mis manos cargadas de retozos;
de pensamientos y disfrutes apasionados
de disfrutar con complacencia tus sollozos
para después quedarnos quietos y abrazados.

Te amo, de ti soy más que un fiel prisionero,
soy quien adora y entiende tu suprema entrega
cada beso, cada abrazo, cada latido sincero,
cada poema de amor que en la distancia llega.

Yo voy desmontando toda tu compleja trama
creando nuestro nido como un bello andamiaje,
que fortalece nuestra bella y soñada fantasía.

Aún no sé por qué ni cómo esa amalgama
de imposibles distancias de poemas y mensajes,
llevó a nuestras almas a organizarse un día.

Océanos Inaccesibles.

Océano que lucha contra el tiempo
vacía la imagen reflejada en el espejo,
estrellas nubladas de horizontes
inaccesibles esperanzas en los sueños.

Relámpagos simulan luz en las noches
penumbras apagan el amanecer,
gemidos bajo sábanas ocultan el llanto
y progenitores sin saber qué hacer.

Muere el pensamiento en el ocaso
miedo a la derrota sin batalla,
ángeles confesos anhelan el poder
y mártires anuncian su plan suicida.

Calles minadas con degeneraciones
cultivan el placer a la supervivencia,
monumentos políticos a la mentira
manejando a su antojo las conciencias.

"Vivir lo inevitable se hace necesario
se presume que la ley es educada,
¿quién pide justicia después de muerto?
si el silencio, es sinónimo de balas".

Orfandad eterna.

Huérfano de todo lo que no tengo e ignoro,
de cómo me amaste un día y de cómo te perdí
y busco ese poema para cuando río o lloro
ría y llore conmigo, aunque estés lejos de mí.

Tú eres esa persona que me alumbra en lejanía,
y que aún está deseando lo mismo que yo prefiero
y tu orfandad casi estoica se verá como la mía
cada cual, en su mundo tristes, solos, prisioneros.

Se me derrumba el sueño que contigo erigiera
cada noche, toda noche cuando yo cierro mis ojos
ensayo una nueva versión, una que no se adultera,
que me devuelva la vida y aleje de ti él enojo.

Te prometí tantas cosas para luego tener miedo,
he quebrantado mis alas, dejé la palabra muda;
se me congeló la sangre, puse un freno en cada dedo
y se me bloqueó el avance hacia tu imagen desnuda.

Quiero crear un camino que me lleve a ti en la tarde,
cuando la luz expira y la noche se hace hambrienta;
yo, que al ocaso aún tengo el alma que me arde,
y tú jugando a ser sombra que me abraza y me sustenta.

Moriré cuando lleguen las nieves a mi cumbre,
Y a mi lado tú sentada reavivarás nuestra lumbre.

Para cuando no estés

Para cuando no estés, yo tu amor acaparo,
más que nunca te beso, más intenso te amo,
y calmando mi sed en tus labios de miel,
con mis voraces manos yo recorro tu piel.

Tú me dices; ¡Ya basta! ¡Por hoy es demasiado!,
y yo tan sordo insisto en lograr el pecado,
y se apaga tu voz, te delata el aliento,
de tu boca que clama por el salvaje encuentro.

Y te resistes tú, y lo consigo yo,
y el crujir de la cama revive la pasión,
me preguntas; ¿Me amas?, yo respondo, ¿No ves?,
y hasta mi espalda abrazas con tus desnudos pies.

Y gritamos los dos en una sola voz,
y la oportuna brisa nos libra del sudor,
de dos cuerpos cansados de tanto contraer,
y susurro a tu oído; ¡Para cuando no estés!

Preguntas sin respuestas.

Tus preguntas apenas contienen las respuestas
ocultas en las noches sosteniendo las dudas
preguntas muy ligeras, con sus aires de fiestas
preguntas que me dejan toda el alma desnuda.

El frio de tus frases hechas de reglamento
con sus tonos ligeros socavan mis trincheras
con el aire sutil de quien las grita al viento
acunando maldad dentro de mis fronteras.

Las frases más reales, son de desconocidos
como siempre es más azul, el cielo al otro lado
o tal vez el amor llegue a nuestros oídos
al escuchar a quienes hablan a nuestro lado.

Prometiste amarme al final del invierno
ya está pasando el verano y te siento tan fría
como aliento que llega del más profundo averno
dejando que las dudas me hagan compañía.

Marquesinas de luces en la noche callada
que rodean mis ventanas y mi casa circunda
llegan hasta mi cama, triste y desolada
hasta que otra mujer, nueva vida le infunda.

Recuerdo la paloma blanca.

Sí amiga, recuerdo aquella tarde, triste,
que aún perdura en mi memoria,
las sombras normalmente largas, marcaron su vuelo,
como si gritara lo sola que estaba,
aquella paloma blanca, de pasiones y ansias
cuando la tarde se iba
cuando tú te alejabas.

Ella levantó el vuelo, extendiendo sus alas
mientras se alejaba, partiéndome el alma,
con sus alas blancas, con su alma herida
con su paso firme y su frente en calma.

Mientras te marchabas yo grité de pronto,
con todas mis fuerzas, con todas mis ansias,
se inclinó tu frente abriendo tus alas,
y en la suave brisa, planeaste en calma,
mi dulce paloma, mi paloma blanca.

El trino de las aves anuncia la mañana,
ya la noche oscura se bate en retirada,
y nuestra paloma, ya los cielos surca,
mientras yo muy triste la miro de lejos,
como vence al mundo, con sus propias alas.

Latidos que duelen.

No me sirve la sangre, el dolor o los latidos,
con que la furia de tu corazón hoy me grita;
yo veo mucho más allá de todos los sentidos,
de la fría razón y del amor que no palpita.

¿Qué soledad es ésta que destroza mi vida,
que no me deja solo, acabando con mi consuelo?
¿De qué forma puedo impedir su despedida,
si no alcanzo a librarme por el dolor y el duelo?

Me acompaña su aliento por la calle, en la alcoba,
y de noche entre la muchedumbre, callada, persistente
la maldigo, y se queda; y hasta el dolor me roba
me arrebata los impulsos la transparencia de mi mente.

En mi centro duermes haciendo mis noches oscuras,
la doble contrariedad del dolor, la sombra y el sueño;
y en esta ambigua, triste, dolorosa y absurda conjetura,
yo menos consigo de ti amor cuanto más me empeño.

Cansado estoy del dolor al que por ti me someto,
a la paz, la guerra, la ansiedad, el triste empeño
quiero dormir, o morir, sobre la tierra de mi sueño.
porque la intimidación ha dejado de ser un soneto.

Si quisieras decirme solo dime.

Yo también quiero decirte que te sueño,
que entre tus versos y mis latidos hay silencios,
mágicos y casuales que, asustados en su empeño,
esperan decirte a gritos que no todo está perdido
que nuestra historia de amor está solo en sus inicios.

Tú eres la memoria a cuya sombra acudo,
eres el verso y la palabra donde mi alma refresco
añorada estampa que me proteges como un escudo
que eliminas con tus letras lo amargo, lo grotesco,
que permites que los sueños vuelen en alas de gloria
y que permites a este bardo formar parte de tu historia.

No estoy en el horizonte, búscame dentro de ti,
en ese lugar sagrado que es radiante como el día
donde cantan ruiseñores, allí donde un día nací,
en ese espacio de mundo donde duermo todavía.

Sabes que me encuentro cerca, que te leo y te escucho,
que se me eriza la piel cuando leo tus poesías,
queriendo abordar la aurora justo cuando te despiertas
que muero cuando te escribo y tú nunca me contestas
y que saberte feliz es la razón por la que lucho.

Si un día quisieras verme solo abre tus ventanas,
veras un millar de versos que voraces y sedientos
te dirán que soy un hombre que tu cariño reclama
que sabe de penas y triunfos y que se ahoga en lamentos.

El día que quieras hablarme de ese amor vagabundo,
te aseguro que por ti yo recorrería el mundo.

Soy solo un grito que llama.

Es un dolor infinito, sentirme perdido y triste,
y suprimo la distancia, recreándote a mi lado
yo esperaré tu llamada, manteniéndome callado,
porque el amor verdadero es el que siempre persiste.

Y esperaré como un lobo, agazapado y hambriento,
hasta que mi triste aullido te repercuta en las sienes,
como el otoño que acaba, cuando el invierno ya viene,
como el rio en primavera, cuando inicia el movimiento.

Y es que todo me propulsa hacia ti invariablemente,
con la furia de un tornado, que a su paso todo eleva,
porque no puedo creer que tanta pasión se muera,
y la tristeza del mundo, se te alojara en la mente.

Sé que te quiero por siempre, y para que eso vivo,
para ver en un instante como se engalana tu alma,
soy feliz si estás conmigo, y sin ti un fugitivo,
soy solo un grito en la noche, que desde lejos te llama.

Sueños, poemas y esperas.

Descolgado entre rocas, tu amor es la llanura,
yo un rio de sueños que nace en la montaña
que arrasando a su paso desbroza la maraña
y al llegar a tu valle se transforma en ternura.

Eres también bravía deteniendo la corriente,
y aunque tú eres origen surtidor que venero
eres placido estanque donde afluyen y espero,
se vuelva realidad lo que solo está en mi mente.

Tanto tiempo mirándote, sin ver tu bella cara,
tanto tiempo a la orilla de tus ojos sin verme
yo escribiendo poemas que tratan de convencerme
que ocurrirá el milagro de vernos cara a cara.

Tus hermosos poemas me golpean las sienes,
como el vital latido de un corazón sediento
como el ardor creciente de saber que ya vienes
y que nuestro amor se pondrá en movimiento.

Y es que tu nombre estalla, repercute en mi mente,
como el mar que consciente en sus olas me eleva
y hacia ti me propulsa aún contracorriente
y marcando mi destino hasta tus brazos me lleva.

Tal vez si te haga gracia.

Lo que sueño, tal vez no te haga gracia,
o no te haga soñar, quizás ni te interesa,
pero si aceptaras hablar, en primera instancia,
nunca te arrepentirás, es mi promesa.

Seré tu sombra como suave terciopelo,
que va rozándote con todos mis sentidos,
como un solo de flauta, o violoncelo,
para saborear tus labios y sentir tu latido.

La luz de la mañana dará en el lecho,
como un trallazo en la espalda, doloroso,
mientras tú te refugias en mi pecho,
angustiada y feliz, y yo tan dichoso.

Brazos abiertos, montañas desafiantes,
desplegando su altura hasta los cielos,
como las frías cumbres de los Andes,
a las que me aferro para emprender vuelo.

Seré tu amante de instintos agresivos,
que sobrevolando voy por tus colinas,
besando las cimas, mesetas, tantos objetivos,
y penetrándote el alma, al fin por las retinas.

Una cita de amor y de ensueño.

Te sueño en mis manos por el Sol iluminadas,
y ahí estas, asomándote a todos mis espejos,
tan cerca de mí y al mismo tiempo tan lejos
que si dejo de soñarte me quedaré sin nada.

Cada sombra que me rodea es muda y lacerante,
una proyección fiel de tus perfiles sombreados
a la espera de mis besos, cálidos y anhelados
y así está mi vida en una cita permanente.

Te he leído y admirado en todas las secciones,
inflamando el ambiente con tu poesía y tu sonrisa
y en tus mensajes vas incendiando mis balcones
al revuelo de tus besos y tus abrazos en la brisa.

Tú eres un amor, tan gentil, tan feliz y seductora,
como te sueño en la intimidad, toda alborozo,
en ese punto donde nuestro dialogo nos explora
las zonas entre el amor, la euforia y el sollozo.

Me he equivocado mucho, pero hoy aquí vengo,
A esta cita romántica de amor y de fantasía,
pero no me lamento y mi palabra sostengo
de tu brazo mi amor, yo venzo a la utopía.

Yo te invito a resurgir, te invito a unirte al grito,
al diálogo, al amor, al susurro, a mis poemas,
y dejar un mensaje en el aire por ambos escritos
tú el Sol y yo, nuestra inspiración y nuestros temas.

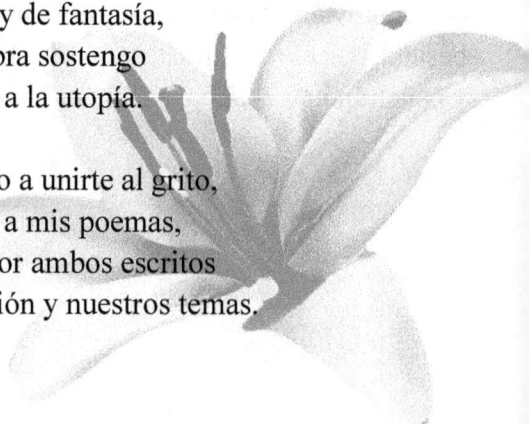

Yo borraré tu inocencia.

Una mujer que ignora su desnudez vibrante
va siempre más allá de lo que le han pedido
le gusta probar lo extraño y lo prohibido
y se muestra ante el amor segura y desafiante.

Es de todo hombre el tormento idealizado
sueño del paraíso, una oferta tentadora
dulce sensaciones con una voz seductora
un continente perdido, pocas veces conquistado.

Provocativa e ingenua, con el alma sosegada
desnudándose a medias de una manera fugaz
es en el cielo la estrella en una noche rasgada
y que protege sus gracias solo a base de un quizás.

Yo frenaré mis impulsos, limitando todo exceso
con un tanto de intriga y otro tanto de indolencia
luego desnuda en mis brazos toda cubierta de besos
te quitare dulcemente todo rasgo de inocencia.

Yo busco en la playa.

Hoy, en esta playa de arenas calizas
donde el sol se rinde a la enredadera,
donde los recuerdos son naves viajeras,
busco antiguos amores y tu bella sonrisa.

Tu presente se sube sobre la cornisa
del tiempo, que cada día te espera
para otear escabrosas laderas
donde buscabas mi beso sin prisa.

Tu mirada me muestra desnudo;
redescubre batallas de amores
y una cascada de fríos sudores
corre por mi rostro a mi labio mudo.

Y muerdo la base de tus duros pechos
tu garganta gime en tenue murmullo
tus brazos me cercan en un suave arrullo
y yo en ese abrazo me quedo deshecho.

Pero no me das ni un tenue respiro
enroscas tus piernas apretando el nudo
rugiendo de gozo, mientras yo te miro
cómo se estremece tu cuerpo desnudo.

Yo escucho tu mensaje.

Yo llevo el alma cargada de retozos,
que aún no disfruté, son los soñados,
la tristeza, los fracasos, los sollozos
los dejé en mi pasado abandonados.

¿De qué sirve avanzar con los destrozos,
de poemas tristes, o sonetos mal acabados?,
no, yo avanzaré con mis sueños por la vida,
no llevaré más rencor, curaré mi herida.

Por eso mujer te escucho y te interpreto,
cada verso, cada palabra por ti mencionada
aun cuando para mi tienes los labios sellados.

Son como melodías, cantos, un buen soneto,
nadie las escucha, para mí fueron habladas,
por ángeles de paz, y luz, muy enamorados.

Pero sé que emanan de ti, son tu lenguaje,
por eso aún sin hablar, me llega tu mensaje.

Yo se lo di todo y ella no me dejó nada.

Vino, me besó y se fue, sin dejar huella
ni en mi piel ni en mis labios su retozo;
fue una sonrisa nada más, un nuevo gozo,
una caricia, un aliento sin más nombre que 'ella'.

Entre ambos solo fue superficial el contacto,
fuimos efímeros tu y yo, solo eso fuimos;
ella fue un préstamo, algo que nos dimos...
por eso es imposible que se repita el acto.

Ella fue un alto en el camino, y una oferta
un disfrute para el desconocido viajero;
un alma y cuerpo buscando ser descubierta,
como flor sin maceta buscando un jardinero.

Y yo pasé y la emoción me hizo verla despierta;
sino era yo, otro sería; por eso me mostré sincero
con la mano inquieta, la sonrisa limpia y la palabra tersa,
y el alma ingenua, sin notar en ella la sonrisa perversa.

Y un día ella partió con frialdad, sin dar razones,
como quien lleva a cabo un remate de empresa;
como agente vulgar, un vendedor que le interesa
más el contrato que el amor y las ilusiones.

Para un convenio con ella nunca encontré el modo,
se marchó una mañana dejando mi alma arrasada
yo le entregué mi vida, mi corazón, le di todo,
y con su perversa sonrisa ella me dejó sin nada.

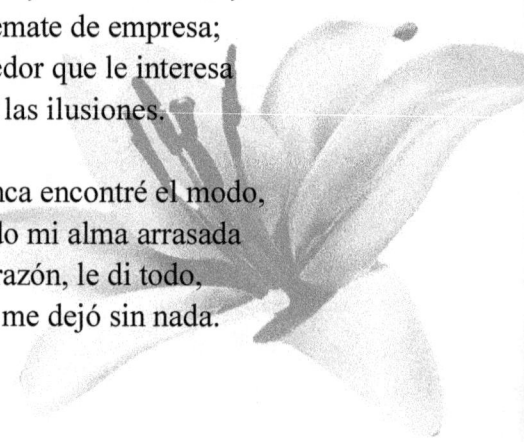

Yo seré tu momento.

No detengas tu mano, deja que ella me hable,
detén, si quieres, la palabra sencilla y amable,
que albergada en tus labios dulces y elocuentes;
sea un lenguaje que unas dos vidas divergentes.

Enamorado estoy de ti, yo seré tu momento,
el que tu mente forjó, el que tú has inventado,
cuyo mensaje de amor, ya de rosa o de trueno,
como tú lo adoptaste, él también te ha adoptado.

Entre tanto festejo, con dulce y sana alegría,
me encontraras entre notas de un poema distante,
te invadirá mi amor como una suave melancolía,
yo que por siempre me he declarado tu amante.

Y mis poemas irán por callejas sin nombres,
sobre tu piel como firma de un poeta lejano;
y los leerán las mujeres, y olvidaran los hombres,
pero como rumba ardiente se volverán cotidianos.

Amor casi no es de noche, pero no es aún de día,
este momento aún vive, sin ti sé que moriría,

Yo sigo siendo el mismo.

Es la ocasión ideal de mentes y voluntades,
cuando el amor avanza, y el dolor se repliega,
momento de imprecisas, vagas ambigüedades,
que con fuerza viril hasta tu entorno llega.

Cuando se revelan tensas ideas en mí olvidadas,
cuando renace el amor claro como un nuevo día,
me dispongo a conquistar tu fortaleza torneada
cuerpo de leche y de miel, cual delicada ambrosia.

Tengo un corazón amante que se rompe en alaridos,
de recordarte tan lejos rodeada siempre de extraños
una carpeta rellena de viejos poemas no leídos
porque la vida soñada me la rompió el desengaño.

Dejé de escribir poemas que se acumulaban tanto,
de aridez, falsos impulsos, de dolor y derrotismo,
que se llenaban de polvo, de odio y desencanto,
porque no eres quien fuiste, aunque yo si soy el mismo.

Y yo he visto tu alma.

Tengo un beso dormido para una mujer,
que suave y dulce me observa desde la ventana
pero no es solo un beso, tampoco un beso solo,
es mi alma que te atrapa y que se entrega
es mi prosa que sumisa deja ya de padecer.

Sé que has visto mis pisadas en la arena aparecer,
como mi alma desnuda en ese dorado ocaso
conteniendo los suspiros y salvando las distancias
con la seriedad adusta, sin premuras sin alardes
porque, aunque no brille el sol, para amar nunca es tarde.

Sé que has visto en mis ojos aguas dulces, aguas mansas,
abiertos siempre por ti, para franquearte la entrada,
perenne invitación de paz y dulce recogimiento
dejándote perseguir mi rastro por la montaña
para entregarte en la cima toda mi alma enamorada.

Siempre has sido mi morada, mi siembra, mi paz, un beso,
el canto que me emociona, un secreto, una respuesta,
susurro de tu alma pura, consejo y amor en tus letras
eres nubes en las alturas, pasto fresco en las llanuras
eres viajera y yo he sido para ti tu gran destino.

En tu reino de sueños las pasiones estallan,
me inundan, me asedian y feliz me avasallan.

Yo te he visto en mis sueños.

He vislumbrado en mis sueños anoche tú figura,
tu deliciosa figura danzando leve y elegante;
y al extender mi brazo para acariciar tu cintura
como una sombra mi amor te esfumaste al instante.

Tengo dolor, celos y hasta envidia de tu sombra,
porque ella duerme a tu lado y siempre va contigo,
y te mira, te cuida, te mantiene siempre a su abrigo,
a tus pies, como un perro fiel, sobre tu alfombra.

No sabes qué grande y qué fría resulta la cama,
cuando durmiendo estoy abrazado a tu ausencia
y se despierta a gritos mi cuerpo que te reclama
el sonido de tu voz, tu calor, y toda tu presencia.

Te ocultas en la sombra con una incierta timidez
cuando nuestro amor exige dulces insensateces.
ven amor sal a la luz, descubre tu esbelta desnudez;
y verás irse al miedo mientras toda tú te estremeces.

Ven amor que estoy cansado de soñar contigo
y siempre despertar triste y solo sin encontrarte.
ven de una vez, relájate y acuéstate conmigo,
y deja que mis pasiones al fin logren penetrarte.

Y yo tengo una amiga.

Me has llevado en tu sueño, amiga ausente,
y en ti perdido me encontró la aurora
no me hagas despertar aún, no es la hora,
quiero que me sueñes amiga interminablemente
y que me des como regalo tu bella pluma de oro.

La esperanza ha vuelto no más días solitarios,
ha crecido el jardín que sembraste en primavera
se me duermen los besos de amor en la espera;
no sé si eres reflejo, adiós, o eres tardanza;
tiembla todo mi cuerpo en la lúgubre frontera
de la ilusión de vivir juntos el mismo itinerario.

Sé que he vivido ayer, y sé que hoy vivo,
pero sin tu promesa no sé si viviré mañana;
soy un momento amigo ardiente y fugitivo
que por tener tu amistad siempre se afana.

No se extiende más lejos amiga mi objetivo,
para regalarte poemas que tu alma engalana.
llégate a mi alma, sin condición, sin pacto,
quizá muy pronto se me extinga el tacto.

Mis palabras son mudas, mi frase está dormida,
soy un badajo inmóvil colgando en la campana,
una voz silenciada, que sólo obtiene vida
cuando, al tocarte, vibras conmigo en la mañana.

DUETOS

Duetos de:

Norma Alicia Estuard y Jesús Quintana Aguilarte:

Aún te quedará mi huella.

Hoy mi mano extendida, ya no aprieta tu mano,
hay soledad en mis noches, tristezas en el día
porque pesa en mi alma todo este amor humano,
que destruye a su paso toda mi anatomía.

Arraigado en el amor, mis raíces yo tengo,
que me hieren el pecho, hundiéndose en la tierra
no hay luz en el camino, por donde voy y vengo
y sé que a los dos, la noche sin amor nos aterra.

No quemes mi retrato, mírame solo y calla,
en el espacio alegre de tus dulces pensamientos
que aunque no quieras por mí, una galaxia estalla,
y acá lejos sobre mí se diluvian los fragmentos.

Y querrás recomponer nuestros besos uno a uno,
y que yo explore otra vez, cada palmo de tu estrella,
porque el amor que te di, no te lo dará ninguno,
y los besos de otras bocas, nunca borraran mi huella.

Jesús Quintana Aguilarte.

Amor que llegas tarde

Amor que llegas tarde a mi noche sin dueño
estrechándome el alma, en mitad del abismo,
el dolor me ha mordido y amarrado los sueños
como labios de fuego curtidos por los siglos.

Rondando en el crepúsculo, pobre alegría rota
quisiste hallar el cielo y hallaste solo olvido,
olvidada de todos quejumbrosos anhelos
vendaval de mi tiempo callado, estremecido.

Amor. ¡No!, no te vayas, alcánzame la Aurora
que pintó descuidada de arrebol mis mejillas
transpórtame en la barca dolida de tus ansias
desnuda y agotada hasta la última orilla...

Y en fin, si sobre el ala de la noche tu boca
enmudece de oscuro temblor..., en la mañana,
anúdame a tu vientre, zozobra en mis colinas
¡y acuéstame en un pétalo dormido sobre tu alma!

Norma Alicia Estuard.

Mientras voy llegando.

Me alegra que tú escuches la lluvia en tu ventana,
y el fragor de las olas rompiendo en la vertiente
sé que tu alma anhela mi presencia a tu lado
y beber del jugo amargo que hoy rebosa mi vaso.

No temas voy llegando, mantén tibio nuestro nido,
y no escribas de sombras porque es radiante el día
cantan los ruiseñores muy cerca de tus rosales
y no quiero que al llegar estés durmiendo todavía.

Tallaré un sueño bello con diadema de estrellas,
para pasear mis labios por tus cimas oceánicas
y recorriendo el sendero dejando solo huellas
yo libare la miel de tus crestas volcánicas.

No me descansa el hambre de amar y ser amado,
me fustiga la mente, me roe las entrañas,
se atornilla en el sexo, mas no quiebra el candado
que me enjaula y bloquea. Desconozco qué extrañas.

No te detengas nunca porque somos dos locos,
en una multitud que sufre, voraces y sedientos,
llega hasta mí sin prisas y a mi lado toma asiento,
que estoy listo para hacerte el amor poco a poco.

No me he dejado nada, aquí tengo tus rosas,
y mi piel arañada todavía me duele y sangra
por eso quiero amarte y besar tu piel hermosa
y con la aurora veremos que depara el mañana.

Jesús Quintana Aguilarte.

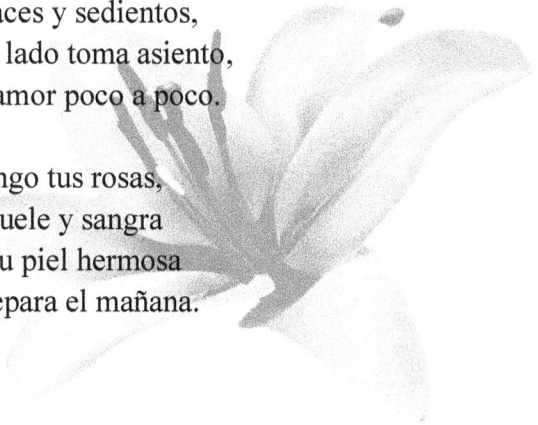

Mientras cae la lluvia

Mientras la lluvia rompe contra el mar y la arena
yo me instalo en tu ausencia cada vez más amarga,
¿por qué he de amarte menos si no estás a mi lado
si no tengo la ardiente tempestad de tu alma?

Hoy quiero hacerte nido..., demorarte en mí ahora
aquietar tus angustias, desgajar tus nostalgias,
para soñar deseosa que en un lugar espera
la bella primavera de esa hermosa cabaña.

Rodeada de glicinas, pinos y madreselvas
con leños crepitando en torno a nuestra cama,
y esa abeja en tu boca tan loca y libadora
y mis manos sedientas de pasión y de calma.

¿Por qué he de amarte menos si te amo todavía?
más allá del olvido, más allá de distancias,
dolor que desde el fondo del abismo me tientas
a desandar las huellas...a matar la esperanza.

Las piedras del camino detuvieron mis pasos
que hacía ti conducía mi quimera anhelada,
las piedras del camino detuvieron mi huida
y pusieron cadenas a mis tórridas ansias.

¿Dónde dejaste impune tu corazón de rosa?
las uñas de sus pétalos rasgan mi piel..., y sangra,
¿dónde estás?, que en mis noches oscuras, escondidas
¡Quiero asirme a tu abrazo varón de cobre y agua!

Norma Alicia Estuard

Dueto de:

Jesús Quintana y Ana Tabares.

Palabras de fuego.

Ni el viento, ni la lluvia, ni el sueño,
me separan de ti, de lo que de ti fluye
mis brazos son como ríos que confluyen
en un hueco de ausencia muy pequeño.

El mundo en que no estás; me roe todo;
todo también me falta al carecerte,
tú, tan parte de mí que al no tenerte
sólo a mi propia nada me acomodo.

Yo nunca fui de nadie, aunque ofrecía
siempre mi cuerpo, mi alma pocas veces,
jamás he dicho a alguien 'vida mía',
ni análogos vocablos; y tú apareces.

Como el milagro que yo soñara un día,
o siempre ambicionara, y me estremeces.
y me entrego, y me fluyen a raudales
como fuego las palabras que juzgué banales.

Jesús Quintana Aguilarte.

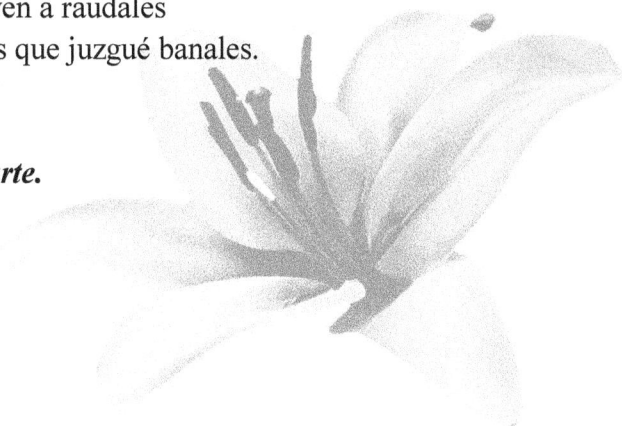

Más allá de las palabras.

No hay ausencias y nada nos separa,
porque el cielo confluye con la tierra;
porque emanan tres aspectos en nuestras vidas
que se hacen uno, cuando tocan nuestra esencia.

Ese mundo que no estoy es de apariencias,
es imaginario y lo crea el pensamiento;
la nada no es carencia, es la magia,
aquí me tienes... completando el sortilegio.

¿El cuerpo?... sólo vive experiencias,
pero el Ser se va sintiendo incompleto,
no es de nadie porque falta sincronía,
entre el alma, el espíritu y el cuerpo,
que forman esa triada Divina
que dicen "vida nuestra", y confluyen en el cielo.

Las palabras que juzgabas de banales,
 te estremecen porque brotan como fuego;
dilas todas... y da vida a ese milagro,
de la entrega en el ambicionado sueño,
y todo irá más allá de las palabras,
uniendo el alma, el espíritu y el cuerpo.

Ana Tabares.

Duetos de:

Jesús Quintana e Iris del Valle.

El impacto de tu silencio.

Me robaste la mente al pronunciar tu nombre,
me salpican tus dedos y quedo humedecido
no hay propiedad mayor, la de sentirse hombre,
que reclamar la fuerza de todos mis sentidos.

Baja del último aliento cuajado por tu tacto,
se apropia de mí, de mi piel y de mi alma,
y descarga sobre mí su más mortal impacto
con cuya posesión toda mi atención reclama.

Quiero verte, entre parpadeos un instante,
como un relámpago en la noche, y luego,
que vuelva la oscuridad desconcertante
porque si tú no estás, mejor me quedo ciego.

Sin el mar, sin playas, sin colores, sin ti,
el mundo es un vaivén de ruidos, solo un juego,
si no te hubiera visto, te juro no sabría,
como es la luz y el esplendor del día.

Sólo amo las palabras cuando tú me las dices;
pienso que tú las amas cuando las digo yo,
las demás están huecas, no son sino barnices,
corteza de la fruta que nunca maduró.

Las mías y las tuyas tienen la contextura
del fruto sazonado que se puede morder;
se derraman sus jugos por cada rasgadura
como vacía el hombre su savia en la mujer.

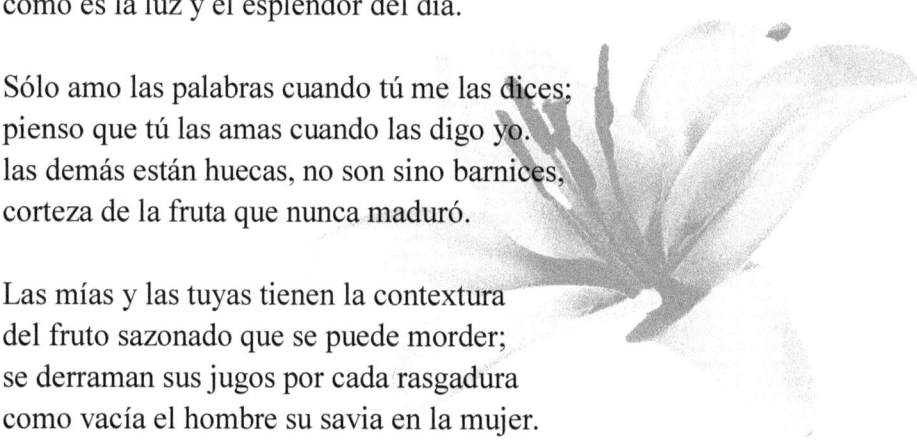

Vestido me he quedado de cantos y poemas,
y cada nota mi amor, cada verso te reclama,
ataviada estas de luz y de fulgurantes llamas
de noche tú me alumbras, de día tú me quemas.

Jesús Quintana Aguilarte.

Desde lejos para ti.

Los recuerdos perduran, viven en nuestras mentes,
el contacto se queda... rondando tu existir,
la soledad se adueña de todos tus sentidos,
he impacta en nuestros sueños, en nuestro porvenir.

Me estremezco al oírte y aunque me sepas lejos,
soy dueña de tu alma... de todo tu existir,
quisiera complacerte con todos mis sentidos,
hacer lo que me pidas y no hacerte sufrir.

Desearía un instante ser tu faro, esa guía,
que en la penumbra llegue para hacerte feliz,
ser la luz que te alumbre, en noches de agonía,
para que entre las sombras, dejaras de vivir.

Sin colores, sin luces, sin playas ni alegrías,
todo eso que dices en tu bello sentir,
lo será para siempre, a menos que consigas,
despertar de ese sueño en que piensas vivir.

Mis palabras son cantos, amadas en silencio,
las que llevas contigo en cada amanecer,
tal vez escuches voces que sientas que te alaben,
pero no dicen nada... no existe otro querer.

Nuestro lenguaje amando fue goce, fue alegría,
palabras saboreadas con agrado... pasión,
sentiste mi ternura, sentí yo tu energía,
prodigada y queriendo con todo el corazón.

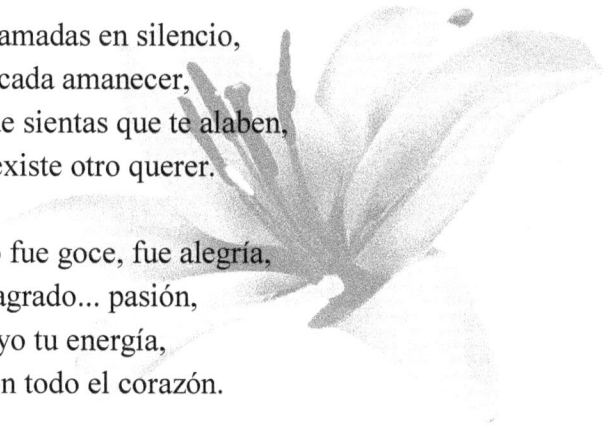

No llega aún el momento de que estemos unidos,
envuelto estás en versos, en cantos para mí,
seré luz, seré llama en este cruel silencio,
que el tiempo nos ha impuesto, haciéndonos sufrir.

Iris del V. Ponce P.

Regálame esta noche.

Quisiera me regalaras para mí sola esta noche,
para amarnos sin medidas, sin remilgos, sin reproche,
una noche inolvidable que estremezca las cimientes,
de este amor que, aunque prohibido, poquito a poco se crece.

No quisiera exista nada, que pudiera interrumpir
el éxtasis y el deseo de esto que siento por ti,
que la noche se haga larga, para sentir el placer,
de que amándote a mi modo no me dejes de querer.

Quiero que sientas mi fuerza, quiero que sientas mis ganas,
que mi cuerpo se estremezca con tus caricias mundanas,
que sientas que me acaloro, que sientas que ardo entre llamas,
esas que irás encendiendo tan solo con tu mirada.

Quiero sentir yo tus besos, quiero sentir yo tus ganas,
sentir que al solo tocarte se prenderán las alarmas
que culminarán fundiendo dos cuerpos en llamaradas,
no permitas que amanezca... de nuevo sola en mi cama.

Iris del Valle Ponce.

Te regalaré mil noches.

Te escucho, y me estremecen los temblores,
de pensar en esa noche, que por amor yo te diera.
una noche larga, larga, con redobles de tambores,
de quemarnos en el fuego, hasta ver que amaneciera.

Sabes que no existe nada, que pudiera interrumpir
que me entregue entre tus brazos hasta morir de placer,
besar al tacto tu cuerpo, tus labios hasta fundir,
y que sepas que yo nunca te dejaré de querer.

Sé que te estremecerás, con mis caricias mundanas,
que yo sentiré tu fuerza, como me abrazan tus llamas,
fuego que quema mi alma, tan solo con tu mirada,
bendecidos por estrellas, y la Luna en la ventana.

No solo te daré mis besos, yo despertaré tus ganas,
generaré las visiones más densas y más genuinas,
me extenderé por tus senos, devorándote entre llamas,
te resucitarán mis dedos, me fundiré en tu retina,
y nunca permitiré que duermas sola en nuestra cama.

Jesús Quintana Aguilarte.

Duetos de:

María Martha Britos y Jesús Quintana.

La verdadera historia del amor

Y eras azul, como azul nació la primavera
Y eras trino ocultado
De los ruidos
Destello de oro, madrigal, descuido,
Caricia verdadera
Y eras azul, como aire de montaña
En desenfreno de cascada
La rama desprendida, zigzagueante
De su entraña.
Nada existía, era o soñaba
¿Y los sueños? Eran magia,
De dragones alados, misterios consagrados,
Clamor sin ruido, sin dolor, sin nada,
Hadas y duendes en regiones
Encantadas.
Eras azul y así deseabas,
El brillo persistente y pleno de la plata,
Con forma incierta y nebulosa
Hecha de gracia.
En tiempos sin dolor, sin temor, azul de calma.
Eras azul, azul fluctuabas,
En luz de plata fuiste velo de repente
Y fuiste azul…, y fuiste, plata.
Allí nació el amor y fue por siempre.
Toda vez que el humano viste de plata y azul,
Asomando sus pupilas al poniente,
La caricia del amor lo va cubriendo,
Eternamente.

María Marta Britos.

El azul y la plata, como final del invierno

Y el zorzal que renueva con sus cantos la vida
con los rayos dorados de un Sol que es eterno
que acaricia mi rostro con tu dulce sonrisa
y repone en su sitio la rama desprendida.

Ahora existo porque tú ya me soñabas
en un jardín sin ruidos, sin dolor, sin esperanzas
rodeado de tristezas, lejos de un sueño de Hadas
sin amor, sin rumbo ni cantos, ni alabanzas.

Ser azul, claro que lo deseaba
persistente entre dos ríos de donde surge la plata
buscando las frescas rosas, gardenias y girasoles
y tu boca que de amor, solícita se delata
y fui azul y tú fuiste plata
y claro que surgió el amor, uniendo dos corazones.

Antes de ti, yo, sin vivir vivía
desde que a mi llegaste, yo preciso
pensar en ti, para quedar dormido.

Jesús Quintana Aguilarte.

La fuerza del tiempo.

Cuando la fuerza del tiempo te despierte
lastimándote esa piel que no se entrega,
será tarde pues a veces la razón es ciega
y estaremos ambos a un paso de la muerte.

Porque tu cuerpo es movimiento; el movimiento
es una gran parte de la vida que se te ofrece
a través de temblor, de pasión y de acercamiento,
de esa efervescencia que a los dos rejuvenece.

Te pregunto ¿A la espera de qué muere la tarde?,
en esta lenta, cruel y melancólica agonía;
vendrá la noche, y en silencio nacerá otro día,
y entre tus sabanas dormirá el espíritu cobarde.

Estira tu cuerpo amor con gesto intermitente,
gira los brazos, eleva la frente y la espalda arquea,
deja flotar en la noche romántica tu mente,
y amalgama entre abrazos el sentido con la idea.

La paz y el amor es el ritmo que nos envuelven,
niebla de gozo, pasión de ondulación vibrante,
pétalos de rosas que al instante se disuelven
como amante cálido en los brazos de la amante.

Jesús Quintana Aguilarte.

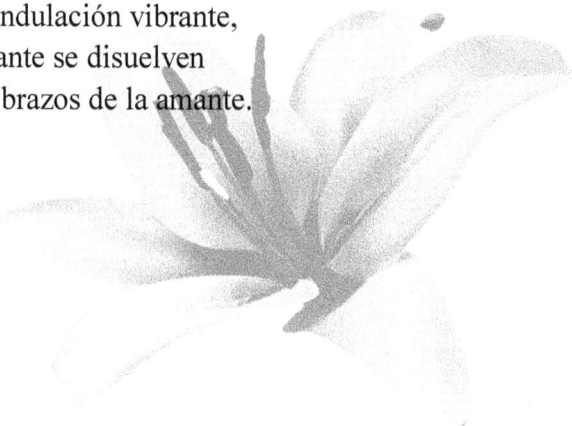

Tiempos y destinos

El tiempo ya es amigo, aquel que se pasea,
por mi piel, los viejos sueños y la mente.
He cubierto con un manto toda idea,
cuya siembra fuera el trueno y la vertiente.

Y me acerco, con dulzura hasta tus brazos,
Y te increpo suavemente entre sonrisas,
Y me voy descalza porque ya no tengo prisas,
dejando un leve aroma en tu regazo.

Me gusta contemplar la tarde enamorada,
Vivo caudal que entre piedras se desboca,
Imagino así la verde brizna prendida de tu boca.
Magia ardiente de la tierra enamorada.

Como el arco de colores después de la tormenta,
mi cuerpo se deslumbra en cielos muy azules.
flota mi mente entre caminos que circules,
siendo faro de luz donde el alma se alimenta.

Es la paz y es el amor desde siempre sostenidos,
los que abrevan juntos al ritmo de alboradas.
Mi sonrisa y la tuya por siempre son llamadas,
a ser parte de ese cielo, que nos abrace en sus nidos.

María Marta Britos.

Te hablo de mi sueño.

Te hablo de mi sueño, del que nunca se aleja,
de cómo cada noche en mi lecho te percibo
tu ya invisible abrazo, tu perenne fragancia;
la tempestad que fraguas en mi piel no me deja.

Solo un dulce sueño, que dentro de mí envejece,
arropado en las mantas de amor y sutilezas
no hay mayor infortunio, ni mayor pobreza,
que esta vida que llevo, que sin ti languidece.

Mi amor vive en mi sueño, como una experiencia,
sé que podré algún día comunicarle mi arrebato
que no conocen los jóvenes, o quizás las ignoran.

En mi sueño detecto toda tu gran elocuencia,
llegando a mi corazón casi que de inmediato
con dulces provocaciones, que entero me devoran.

Jesús Quintana Aguilarte.

Me hablas de tu sueño.

Me hablas de tu sueño acariciando el alma
te hablo de los míos en tierna sinfonía,
escucho tus palabras cual dulce melodía,
y vuelvo hasta mi nido, reencontrando calma.

Los sueños, reflejos eternos de aleteos leves,
asomando ocasos, otrora distantes de tiempo.
Pintura fragante soñada por el firmamento,
horizontes claros, dorados, añorados, breves.

Tu sueño es al mío la dilatada cumbre,
fragorosos, danzantes luceros que cantan,
abrigo y sitial rumoroso de luz estrellada...

Mi sueño es al tuyo, desde el cielo, lumbre,
sitial de los sueños, de abrazos que danzan,
torrente, oasis, estela, de amores sembrada.

María Marta Britos.

Dueto de:

Pastora Herdugo y Jesús Quintana.

Para que me recuerdes.

Para que me recuerdes en tu último invierno
voy a dejar caer palabras siendo brisa
en las aspas del remolino de tu pelo,
en el eterno devenir de tu sonrisa.

Arista de plata pueblan tu ceño fruncido
Suave, como olas que al acariciar la playa
Aletean los recuerdos del tiempo vivido
En el silencio efímero del camino andado.

Han trazado tus pasos senderos claros,
anchos pasajes de atardeceres lentos
que emigran de tus ojos agotados y huyen
a noches que viven iluminadas por el sueño.

Para que no me olvides me anclaré en tu orilla
con versos que duerman también tus noches
Y te besen mis sueños en tus pupilas dormidas
desvistiendo tu andar con el penúltimo broche.

Jesús Quintana Aguilarte.

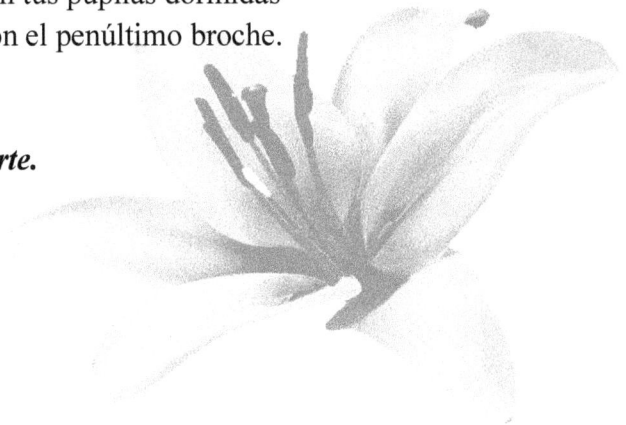

Yo siempre te recuerdo.

Hoy el invierno se torna primavera,
y tus palabras se enredan con las mías,
y en tiniebla descubrimos los mensajes
con murmullos y caricias permitidas.

Un despertar vibrante y cálido cuando
suenen los latidos de la noche, en silencio,
esperará que el sueño llegue, sentirás mi aliento
en tu boca un susurro en el aire se estremece.

Tus sueños se entrelazan con los míos
en un ir y venir por esos mares, tu cielo
con mi cielo están unidos, que brille
el sol y no turben el canto de las aves.

No habrá olvido, un fulgor trasparente
nos enriquecen, las gotas caídas en nuestro
tiempo se unirán y florecerán las rosas
con candor de un nuevo amanecer florido.

Pastora Herdugo Chaves.

Dueto de:
Laura Margarita Granados y Jesús Quintana Aguilarte.

Las Opciones de la vida.

Con la mano tendida para estrechar tu mano
caminando a tu paso, con descuido y temor
poniendo cuerpo y alma, a este calor humano
que nos diera la vida para hacer el amor

Entreguémonos querida en bello ofrecimiento
que no puede jugar, aunque jugar quisiera
quebrando las normas, alerta el pensamiento
para hacernos el amor aunque el mundo no quiera.

La vida es una rueda que ofrece dos opciones
la del amor entero, o vivir de fragmentos
llenos de tristes recuerdos somnolientos
o con el alma llena de hermosas ilusiones.

El amor es el sueño de los hombres despiertos
y yo te he amado tanto que casi eres mía
y espero y desespero por ver llegar el día
en que tú te abandones en mis brazos abiertos.

Jesús Quintana Aguilarte.

Las Opciones de nuestras vidas.

Con mis manos en tus manos
caminando junto a ti
me entregaré a tu calor
darte mi vida y mi pasión.

Te entrego mi alma mi cuerpo y todo mi ser
quebrantemos las normas, la libertad de amar
no existe el mundo a nuestro alrededor,
juguemos sin miedo entrégame ese calor.

Amor mío, viviremos la vida plena
entrelazados tu y yo, no quiero fragmentos
te quiero mío eternamente llenos de ilusiones
entre la magia de tu cuerpo y mis locuras.

Ese amor que me prodigas, así despierto
sin que tu lo supieras ya era tuya, así te siento.
muero y desespero que llegue el día
me entregaré a ti amado mío con mi cuerpo
apasionada con mis brazos y mi boca sedientos.

Laura Margarita Granado.

Dueto de:

Carmen Amaralis y Jesús Quintana.

Mis letras con doble llave.

Me llega desde el centro de tu alma,
tanto amor y a la vez tanta interrogante
que no quiero cargar tanto peso agobiante
cuando tú bella carta me produce la calma.

Cada noche en lo cálido del lecho recibo,
tu invisible abrazo, y tu dulce fragancia,
te acomodas a mi lado mientras te escribo
estas letras que reflejan mi constancia.

Tú desnudas mi alma con tus ojos trigueños,
que me miran por dentro aun sin estar presentes
desnudando mi mente, revisando mis sueños,
con un amor tan dulce, amor clarividente.

Y si a mi encuentro vienes, luego de tu partida,
precisará mi vida de un corazón de acero,
porque al no haberte visto, con ansiedad te espero,
solo para abrazarte mujer desconocida.

Te escribo y me estremecen los temblores,
de tu corazón que siempre ha sido la clave
de esta pasión que como redoble de tambores
me encierra dentro de ti con doble llave.

Jesús Quintana Aguilarte.

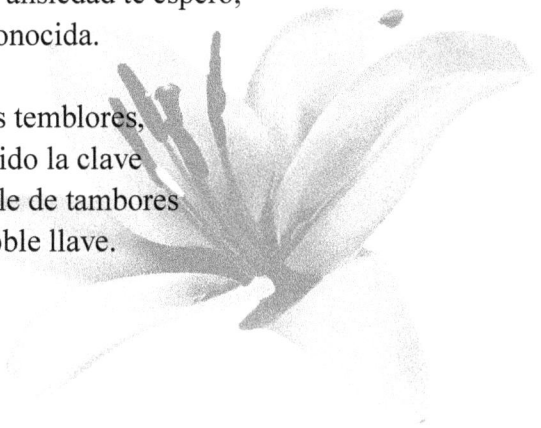

Tus letras serán mis llaves.

No me llames mujer desconocida,
imposible ser de esa manera,
si siento que soy luz en tus quimeras
y pensando en ti vivo enardecida.

Llego a tus brazos, libre y atrevida
te canto al oído mi fervor de amores
sintiendo la tibieza de la vida
rozar tu piel ardiendo en mil pasiones.

No volveré a partir es mi promesa,
levantaré las anclas en tu puerto
y un rosario de besos sobre el lecho
será la llave dorada de este amor
que nutra esta pasión que por ti siento.

Nacimos para amarnos, es preciso
con la magia sagrada de las claves
que desbordes en delicias nuevas,
y sean mis pasos los que a ti me lleven

No será necesario doble llave
ya te declaro rey de mis aciertos
y no habrá ya más paredes en suplicio
para tu mágico corazón de acero.

Carmen Amaralis Vega Olivencia.

Dueto de:

Ma Beatriz Vicentelo y Jesús Quintana.

Cruz de tu voz

Se callaron mis horas para escuchar tu voz
voz de tiempo lejano, voz con timbre callado
voz cubierta de espinas y anturios disfrazados
voz que me repetía su tic tac de reloj

Curva espalda aún lleva joroba de dolor
con trajín reiterado del molusco arrastrado
que por innato instinto busca hierbas del prado
¡Ah cuánto yo te he amado por dulzor de tu voz!

Del ayer alzas las dagas ¡Si, fue una cruz de amor!
¡Izada entre guirnaldas sobre falsas montañas!
Donde el rezo imploraba milagro a mi razón

Hoy ya no soy la misma de esa sonrisa diáfana
soy el espectro perdido de una carta extraviada
que una vez le trazaron garabatos de amor.

Ma. Beatriz Vicentelo.

Cruz de mis consuelos.

Se ha callado tu voz, pero aún yo la escucho,
es que será el amor, ese que nunca se muere,
la pasión por tus letras es por lo que yo lucho
y que dentro de mi alma tanta fortaleza adquiere.

Sé que el dolor te ha doblado por ese amor deleznable,
que en el fuego de tu hogar hay solo restos de leños
por todo el amor que diste, tus sueños interminables,
y sé que tu aún no quieres que termine ese sueño.

Tu silencio amiga mía ya se enreda con el mío,
silencio a gritos que surgen y que al final nos anuda,
porque es silencio, respeto y eso lo expresa todo.

Tú sigues siendo la misma amiga por quien me guío,
y a tus apremios y letras me uno sin temor ni duda,
porque a tu carta extraviada yo gozoso me acomodo.

Jesús Quintana Aguilarte.

Dueto de:

Jesús y Fugaz.

Llegaran las nuevas Rosas.

Tengo para el olvido nuevas rosas,
para alegrar el día aves esquivas,
para soñar, cayenas sensitivas
y sauces para las tardes silenciosas.

Te regalo puestas de sol,
amaneceres de tibia y cálida luz,
El suave vuelo de una gaviota,
y las rosas que para ti escogí.

Tengo el rumor de abejas laboriosas
y gotas de rocío en hojas vivas.
Por las violetas gráciles y altivas
desfilan las hormigas misteriosas.

Poseo la eternidad de infinitas tardes,
donde bajo el sauce se mecían los deseos.
El color de sus hojas verdes,
daba vida y esperanza a todos ellos.

El jardín es la copia de tu vida
poblado de ilusiones y esperanza
que esconde una nostalgia contenida.

Entre los muros que acogen las flores,
el corazón sabe que florece cada día
y nunca mueren las ilusiones.

Y cuando el sol declina en el ocaso,
tu alegre sombra con sigilo avanza
y me liberas de la muerte con tu paso.

Se iniciará la noche inundando de tibieza el aire
y mientras el día inicia su letargo
a tu lado, amigo, borrando distancias yo iré.

Índice.

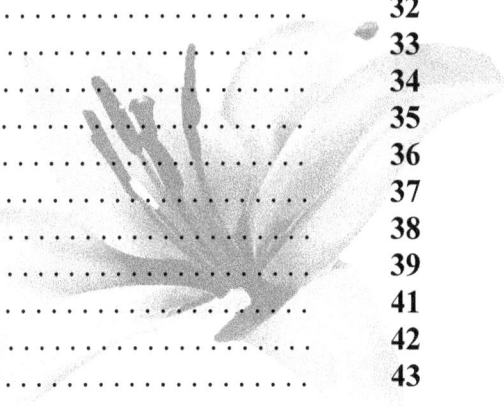

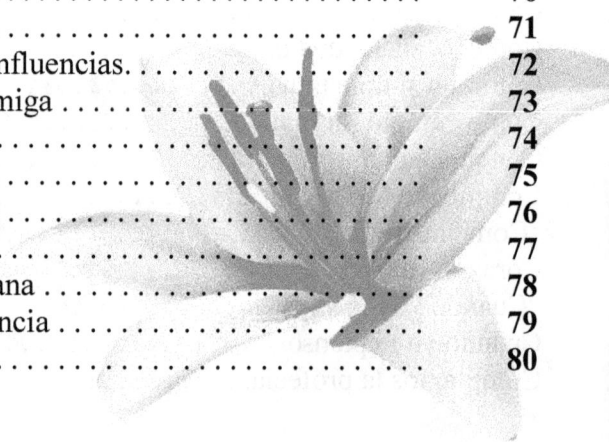

DUETOS

Dueto de:

Dueto de:

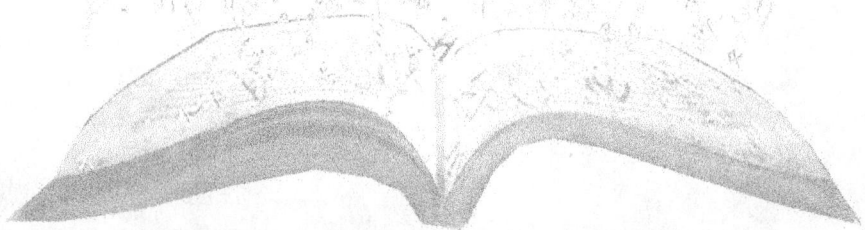

www.ingramcontent.com/pod-product-compliance
Lightning Source LLC
Chambersburg PA
CBHW052012090426
42741CB00008B/1662